westermann

Kleine Didaktik des
Erklärvideos

Erklärvideos für und mit Lerngruppen erstellen und nutzen

Erarbeitet von:

Sebastian Arnold
Jonas Zech

Für die Mitwirkung und anregende Gespräche danken
wir folgenden Erklärvideo-Machern:

Felix Fähnrich und Carsten Thein (Flip the Classroom)
Marcus von Amsberg (Ivi Education)
Mirko Drotschmann (MrWissen2go)
Miriam Müller (school's' easy)
Die Merkhilfe

westermann GRUPPE

Druck A[1] / Jahr 2019
Alle Drucke der Serie A sind im Unterricht parallel verwendbar.

Umschlaggestaltung: Gingco, Braunschweig
Umschlagfotos: Sebastian Arnold
Layout: Alexandra Brand, Paderborn
Druck und Bindung: Westermann Druck GmbH, Braunschweig

ISBN 978-3-14-**122826**-7

Der größte Vorteil des Flipped Classroom besteht darin, dass die Schülerinnen und Schüler lernen, selbstständig und eigenverantwortlich zu arbeiten. Sie lernen also zu lernen – eine Kompetenz, die über die Schule hinaus von zentraler Bedeutung ist.

Felix Fähnrich und Carsten Thein von Flip the Classroom, Interview für dieses Heft, August 2018

Das Schöne an diesen Lernvideos ist, dass sie jederzeit und von jedem gesehen werden können. Es spielt keine Rolle, ob ein Schüler auf den letzten Drücker fünf Minuten vor der Prüfung noch ein letztes Mal eine Erklärung zum Dreisatz haben möchte oder ob sich jemand auf einen Einstellungstest für eine neue berufliche Laufbahn vorbereitet. Die Videos kann jeder ansehen, sooft er will und ohne dafür (teure) Hilfsmittel kaufen zu müssen.

school's easy, Lernvideokanal auf YouTube, Miriam Müller, Interview für dieses Heft, August 2018

Was mir am Unterricht mit Lernvideos so gut gefällt, ist, dass man im Unterricht mehr Zeit für Aufgaben hat und, wenn man dazu Fragen hat, direkt den Lehrer fragen kann. Außerdem gibt es das Problem dann nicht, dass man zu Hause Aufgaben rechnen muss und verzweifelt, wenn man nicht weiterkommt.

Schülerin über den Unterricht mit Erklärvideos im Sinne von Flipped Classroom, Interview für dieses Heft, August 2018

Erklärvideos sind für mich der Schlüssel, um Schülerinnen und Schülern mehr Eigenverantwortung bei der Planung von Lernprozessen zu ermöglichen. Sie entlasten Unterricht von langen Instruktionsphasen und ermöglichen die Gestaltung eines offeneren und schülerzentrierteren Unterrichts.

Marcus von Amsberg, Gründer von Ivi Education, Interview für dieses Heft, August 2018

Inhalt

Liebe Leserinnen und Leser,

grau ist alle Theorie – und daher werden die Erklärungen, Hinweise und Vorschläge des vorliegenden Bandes durch insgesamt **11 Erklärvideos** illustriert und erläutert. Die Videos zeigen damit zugleich, warum sich ihr Einsatz zur Veranschaulichung von „Lernstoff" lohnt: Schritt für Schritt wird erklärt, wie man Lernvideos für und mit Schülerinnen und Schülern erstellen kann – und wo mögliche Fallstricke lauern.

Immer wenn Sie dieses Symbol am Textrand sehen, können Sie ein entsprechendes Erklärvideo aufrufen. Gehen Sie dazu auf die Homepage des Westermann Verlages: **www.westermann.de/webcode** und geben Sie dann den aufgeführten Code (z. B. WES-122826-001) ein, um das Video/die Videos herunterzuladen.

Wenn Sie gleich zu Beginn alle Videos auf einmal herunterladen möchten, können Sie folgenden Webcode eingeben: **WES-122826-099**.

Viel Vergnügen!

I. Einleitung

1. Das Erklärvideo: Was es ist und sein könnte

„To be a teacher is to be forever an optimist."
Philip Bigler, „Teacher of the Year", geehrt von Bill Clinton im April 1998 (zitiert in Bauer 2008, Einband)

Video-Boom und Digitalisierung: Ein Phänomen, das spaltet

Auf Facebook, Vimeo, YouTube, MyVideo und ähnlichen Plattformen sehen Milliarden von Menschen ebenso viele und noch mehr Videos. Der größte Teil des „heutigen Internet-Traffics beruht auf Videos" (Simschek/Kia 2017, S. 18). Allein auf YouTube werden *täglich* Videos mit einer Gesamtdauer von *einer* Milliarde Stunden abgespielt (vgl. YouTube-Press 2017). Im Jahr 2012 waren es noch *drei* Milliarden Stunden *jährlich* (vgl. Becher 2012, S. 5). Das bedeutet einen Anstieg um ca. 12067 Prozent. Der Streaming-Hype expandiert nicht, er explodiert förmlich. Nach Eigenangaben von YouTube greifen mehr als eine Milliarde (registrierte) Nutzer auf die Videoplattform zurück, was einem Drittel der weltweiten Internetnutzer entspricht.

Das Besondere des *Video-Streamings* gegenüber dem klassischen Fernsehen ist: Die Nutzer sind nicht nur Konsumenten, sondern teilweise auch Produzenten. Heranwachsende und Laien, die nicht an einer Filmhochschule studiert haben, erstellen große Teile dieser Videos (vgl. Wolf und Kratzer 2015, S. 29). Das ist neu und darauf zurückzuführen, dass „durch die höhere Verfügbarkeit technischer Grundvoraussetzungen" mit einer im Smartphone integrierten Kamera und Schnittprogrammen von klein auf „die Eigenherstellung von Videos in die alltägliche Medienpraxis von Jugendlichen gelangt ist [...]." (ebd.) Tablets und Smartphones sind All-in-One-Geräte für eine Videoproduktion von jedermann.

Dass heranwachsende *Digital Natives* sich dem Streamen und Produzieren von Videos zutiefst verbunden fühlen, geht bereits aus den eingangs genannten Nutzungszahlen und Befunden hervor. Was daraus nicht ersichtlich wird und fast diametral gegenübersteht, ist die Wertung dieser Medienpraxis durch Erwachsene.

In den letzten Jahren wurde die digitalaffine Jugend immer wieder Gegenstand von Zeitklagen: So ist 2014 in der WELT sinngemäß von einer like-orientierten Generation Z, Y und Maybe (vgl. Scholz 2014,) die Rede, deren *Smombies* leblos streamend an der eigentlichen Realität vorbeitaumeln (vgl. Jeges 2014), nur Lob und wenig Resilienz kennen (vgl. Scholz 2014). Schlimmer noch: Die digitale Überpräsenz führe auch meistens nicht einmal zu Medienkompetenzen, folgert wiederum die Süddeutsche Zeitung, eine britische Studie der Medienaufsichtsbehörde Ofcom paraphrasierend (vgl. Gruber 2015).

Ob Jugendschelte nun ihrerseits ein Stilmittel ist, mit der ältere Generationen ihre eigene Jugend verklären (vgl. Weis 2016), ob sie insbesondere alle neuen Medien (wie auch einst das Fernsehen) ewig treffen wird oder ob sie tatsächlich als Realitätsbeschreibung bis hin zum Einzelfall taugt, mag hier offen bleiben. Fakt ist: Ein kritisch-konstruktiver und ernsthafter Blick ist sicherlich erforderlich, wenn es um neue Umgangsformen in der Interaktion von Mensch-Maschine und Digitalisierung einerseits und die schiere Nutzungsquantität andererseits geht – noch dazu, wenn diese vor allem Heranwachsende betrifft und bedenklich wirkt. Und dann kommt an dieser Stelle ein großes Aber.

Ein bildungsbürgerlicher Beschwerdegestus wird aber an der schieren Streaming-Realität nichts ändern. Im meist pauschalen Urteil des Establishments wird vielerlei Nutzen verkannt, den die neue digitale Medienpraxis auch für das schulische Lernen haben könnte und punktuell bereits hat.

Mehr als ein Videotrend: Lernchancen durch Multisensualität

Eine vorwiegende Rezeptionsform, die die meisten Jugendlichen von heute nutzen, ist das Kurzvideo. Eine Statistik von Google Trends gibt Auskunft darüber, dass der Suchbegriff „Erklärvideos" in den letzten Jahren ein Wachstum von 20 % aufweist (vgl. Simschek/Kia 2017, S. 17). Das Erklärvideo boomt (vgl. ebd.). Die Beliebtheit der Lernvideos verdankt sich bei Jugendlichen wie bei Erwachsenen deren konkretem Nutzen: **Man erfährt schnell und einfach, wie etwas geht.**

Natürlich ist Schule keine Unterhaltungsplattform für Trends, die den Jugendlichen nach dem Mund lehrt. Aber das Netz ist nicht einzig mediale Börse für Kurzweiligkeit und Unterhaltung, in dem die sogenannten Katzenvideos angesehen werden. Mittels Erklär- oder Lernvideos sind Lernmöglichkeiten und mediale Strategien erkennbar, die schulisch genutzt werden können.

Nachhaltiges Sprechen ins Mikrofon

Lernchancen ergeben sich bereits über die **Multisensualität**: Als hybrides Medium ist der Film naturgemäß in der Lage, über Text, Bild und Bewegtbild bis hin zu Stimme, Sounds und Musik praktisch **alles integrieren** zu können. Er ist insofern multi- und symmedial, als verschiedene Mediendarstellungen parallel, verbindend und interaktiv verfügbar gemacht werden (vgl. Issing und Klimsa 1995, S. 1/vgl. Berghoff 1998, S. 283). Der Film erzielt Emergenzeffekte und ist mehr als die Summe seiner Teile (vgl. Frederking 2013, S. 549). Daher gibt es eine denkbar **hohe Anschaulichkeit**, die viele Sinne gleichzeitig aktiviert. Eine höhere Verbindlichkeit – bspw. gegenüber Texten – hat der Film durch die Vorgabe einer festen Ablauf- oder Lesezeit, die nur durch Pausieren unterbrochen werden kann (vgl. Korte 2010, S. 25).

Die **multisensuale Form** ist nicht nur unterhaltsamer, sondern auch **merkfähiger** als reines Lesen (vgl. Lambert 2012, S. 78) – und mittels Internet und zentraler Plattformen zudem deutlich **leichter verfügbar**. Hinzu kommt die beliebige Wiederholbarkeit des Erklärvorgangs und – auf Streamingplattformen – das Vernetztsein mit vorgeschlagenen Folgevideos, sodass hier regelrechte Wissensgeflechte zur Verfügung stehen, die **unendliche Wiederholbarkeit** garantieren und dadurch als besonders *nachhaltige* Unterrichtsmaterialien gelten dürften. Ob sie auch als *wertig* gelten dürfen, wird ebenfalls Thema dieses Hefts sein. Und Sie dafür ein Stück weit zu begeistern, wäre unser erklärtes Ziel. Doch so weit sind wir noch nicht, beginnen wir also – wie es sich gehört – von vorne und mit einer Frage:

Was ist eigentlich ein Erklärvideo?

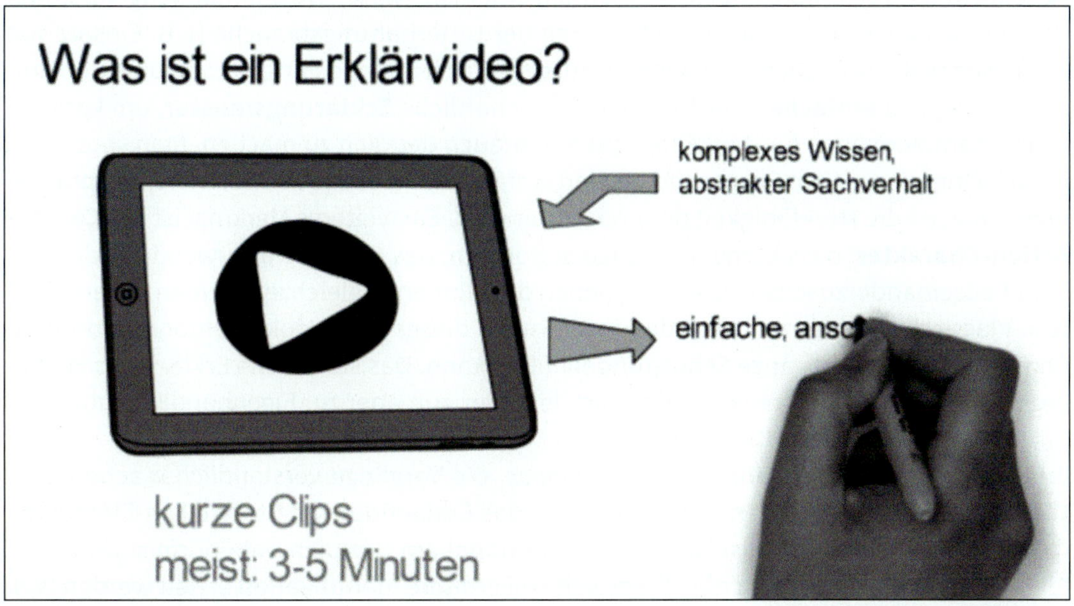

Film-Still: Video 1

Als spezifische Form des Films sind Lehr- und Lernvideos meist **kurze Clips**: Aus Sicht von Marketingunternehmen liege ein ideales Erklärvideo „bei maximal 90 Sekunden" (Simschek/Kia 2017, S. 58). Bezogen auf den Bildungssektor erscheint das nicht ausreichend, hier lassen sich Zeiten von **3 bis 5 Minuten** derzeit als **typisch** zuweisen.

WES-122826-001

Erklärvideos (synonym zu Lernvideos) sind aber nicht ausschließlich durch ihre Kürze gekennzeichnet, sondern auch durch einen damit verbundenen **Wunsch nach Komplexitätsreduktion** und einfacher Wissensvermittlung. Kürze zwingt zu Auswahl. Auswahl setzt didaktische Reduktion voraus.

Gegenüber einer vermeintlichen zeitlichen Geschlossen- und Komprimiertheit sind Lernvideos hinsichtlich ihres **Stils** fast **generisch offen**: Sie können vom Legekartenstil über Screencasts und Live-Vorträge hin zu Stop-Motion-Animationen, Motion-Graphics und Green-Screen-Produktionen fast jedwede Form annehmen (vgl. hierzu in diesem Band

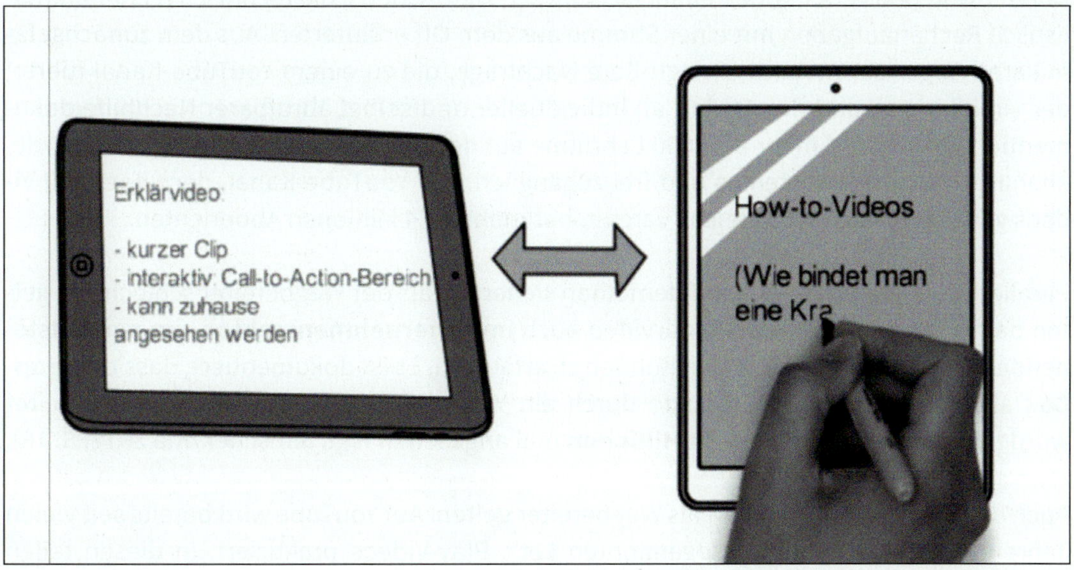

Film-Still: Video 1

S. 26–32). Ziel ist dabei immer die möglichst prägnante **Aufklärung über ein Thema**. Erklärvideos leiten an oder machen einen allgemeinen Wissenszusammenhang verständlich. Sie bedienen sich dabei gezielt Formen der Unterhaltungsbranche (z. B. Einsatz von Musik oder witzige bildliche Einlagen, schauspielerisch übersteigerte Darstellung) und nutzen vorwiegend **einfache**, meist nicht wissenschaftliche **Erklärungsmuster**, um komplexere Zusammenhänge für den alltäglichen Gebrauch deutlich zu machen. Rein sprachlich ist eine Orientierung am Gesprochenen und einfacher Satzbau (Stichwort: leichte Sprache) erkennbar, da die Merkfähigkeit dadurch höher wird. Ein weiteres Merkmal ist der **Call-To-Action-Charakter**: dass Lernvideos dazu auffordern, das Gelernte anzuwenden oder sich damit auseinanderzusetzen. Das stellt neben der Filmlänge gleichzeitig einen Unterschied zum klassischen Unterrichtsfilm dar, insofern als dieser meist dokumentarischen Input-Charakter besitzt und ganze Schulstunden füllen kann. Das schulische Erklärvideo ist hingegen kurz und meist interaktiv: Es erklärt, leitet an, ruft aber zur Eigenhandlung auf.

Im Unterschied zu sogenannten *How-to-Videos*, die Vorgänge verständlich machen (z. B. Wie wechsle ich einen Reifen?), orientiert sich das Erklärvideo mit Storytelling-Elementen („Das ist Max, er möchte wissen, wie …“) emotional am Rezipientenbedürfnis: Durch die Einbindung der Handlung in die Alltagswelt soll größere Identifikation erzielt werden (vgl. Simschek/Kia 2017, S. 20). Die Grenzen sind heute aber fließend und keineswegs trennscharf.

Die Geschichte und Verbreitung der Erklärvideos

Es lässt sich nicht mehr ganz klar nachvollziehen, wer den Berg als erstes bestiegen hat, man kann aber ein paar Fußspuren auf einem Weg erkennen. Diesen Weg nach oben hat ein Unternehmen maßgeblich geebnet: Insofern Videos erstmal dadurch gesehen werden können, dass sie jemand dauerhaft zugänglich macht, hat die Entstehung von **YouTube** im Jahre **2005** sicherlich ermöglicht, dass es heute Erklär- und andere Kurzvideos in derartig flächendeckender Nutzung gibt. Denn neben Vimeo handelt es sich – Stand 2019 – um das einzige Netzwerk, das rein videobasiert eine derart große Masse erreicht. Zudem wird YouTube über die sozialen Netzwerke auch extern verbreitet.

Im Jahre **2007** wird in Amerika die sogenannte **Khan-Academy** gegründet, deren erste Schritte auf dem Weg ganz anders verliefen: Der gleichnamige Schöpfer **Salman Khan** beabsichtigte im Jahr **2004** noch, seiner Cousine in Mathematik zu helfen. Mithilfe eines Doodle-Notepads entstanden einfache Schwarz-Weiß-Videos, die technisch recht minimalistisch Rechenaufgaben mit einer Stimme aus dem Off erläuterten. Aus dem zunächst familiären Angebot entstand eine größere Nachfrage, die zu einem YouTube-Kanal führte, der viral florierte und den Bedarf an individueller und selbst abrufbarer Nachhilfe dokumentiert. Heute sind mehr als 4000 Lehrfilme auf der Unternehmensseite (vgl. https://de.khanacademy.org/) kostenlos und frei zugänglich. Der YouTube-Kanal, der über 7000 Videos verschiedener Fachbereiche vereint, hat mehr als 4 Millionen Abonnenten.

Parallel zum Bildungssektor, auf dem Khan sicherlich als der Wegbereiter schlechthin gelten darf, entwickelt sich das Erklärvideo auch im **Unternehmenssektor**, um neu entstehende Produkte und Abläufe den Kunden zu erläutern. Es ist dokumentiert, dass die **Dropbox** als eines der ersten Produkte durch ein YouTube-Video beworben und angeleitet wurde. Das Video wurde über **30 Millionen** mal angesehen (vgl. Simschek/Kia 2017, S. 18).

Auch der **Gaming-Bereich** darf als Wegbereiter gelten: Auf YouTube wird bereits seit vielen Jahren Screen-Capturing in sogenannten Let's Play-Videos praktiziert. In diesen teilen Spielerinnen und Spieler ihre kommentierten Erfahrungen in einer Spieloberfläche (z. B.

Minecraft), die abgefilmt und auf Plattformen wie YouTube geteilt wird. Dies ermöglicht anderen Spielern bspw., sich mit Problemlösungen in bestimmten Spielsituationen auseinanderzusetzen. Mitunter wird auch die erreichte Spielleistung gezeigt und bestaunt oder die Spielerin/der Spieler tut sich als unterhaltsamer Kommentator hervor – wobei sich hier der fließende Übergang vom Erklärvideo hin zu anderen Formen des Videos beobachten lässt, die nur auf Kurzweiligkeit angelegt sind.

Die schiere Breite des **heute** vorhandenen **Videomaterials** ist wegweisend und schlichtweg **immens**: Praktisch jedwede einfache bis noch so abstruse Problemstellung und Wissensfrage findet mittlerweile ihre Erklärung auf YouTube. Egal, ob der Fahrradsattel eines bestimmten Kinderrads angebracht werden soll, man selbst einen Ölwechsel durchführen möchte, eine Krawatte gebunden werden muss, eine historische Person unbekannt ist oder unklar ist, wie die EU funktioniert: Mit Tutorials, How-to-Videos, Erklärvideos bildet sich ein **lehrreiches Wissensnetz** für Alltagsprobleme, in dem jeder zur Lösung via Video beitragen kann.

Erklärvideos sind heute über den Laiensektor bereits weitverbreitet: Vor allem im **Marketingsegment** und in der internen Unternehmenskommunikation kommen sie als „**Verkaufsvideos**" (Simscheck/Kia 2017, S. 20) zum Einsatz, gerade wenn Vorgänge häufiger erläutert oder gezeigt werden müssen (z. B. Imagefilm, Arbeitsschutzkleidung, Sicherheitsbestimmungen).

Entsprechend mag es nicht verwundern, dass im Internet mittlerweile zahlreiche **Dienstleisterwebsites** (wie simpleshow, VideoScribe, Pow Toon, Go Animate, videoboost, explain-it, spreadfilms, biggestfan, erklärvideo.de usw.) florieren, die sich sowohl der Untersuchung als auch der adressatengerechten Produktion von professionellen Erklärvideos verschrieben haben. Mittlerweile gibt es schon „mehr als 50 Anbieter" (Simschek/Kia 2017, S. 5). Durch Erklärvideos versprechen sich Unternehmen einen größeren Produktabsatz bei vergleichsweise geringem finanziellen Aufwand (vgl. ebd., S. 5 und 19). Lernvideos sind offenkundig nicht nur beliebt, sondern darüber hinaus effizient und vielerorts zu gebrauchen. Und an dieser Stelle kommt wieder die Schule ins Spiel.

Schule und Erklärvideos – eine methodische Entscheidung der Schülerschaft

Wenn diese multisensualen Erklärhilfen nachweislich in mannigfaltigen Zusammenhängen gebraucht werden, warum sollten sie nicht auch schulisch genutzt werden? Das werden sie nämlich ohnehin schon. Und die Rede ist hier nicht nur von den zunehmenden Versuchen öffentlich-rechtlicher Sender (Stichwort: musstewissen), von Verlagen (z. B. Sofatutor) oder Lehrern (z. B. Ivi-Education), sich des Feldes in den letzten fünf Jahren zu bemächtigen. Die Rede ist von etwas ganz Naheliegendem, nämlich von **Schülerinnen und Schülern**.

Sie haben diese **methodische Entscheidung** über ihre Unterrichtenden hinweg getroffen. Hat hier die digitale Revolution von *unten* begonnen? In erster Linie hat es etwas mit Bedarf an Hausaufgabenhilfe, Nach- und Verstehenshilfe zu tun, ein Stück weit auch mit Bequemlichkeit. Auf Nachfrage antworten immer mehr Schülerinnen und Schüler, dass sie Lernstoffe vor der Klassenarbeit erst zu Hause mit einem Erklärvideo verstanden haben wollen. Eine 2019 erschienene, repräsentative Studie unter 12- bis 19-Jährigen bescheinigt YouTube-Videos eine enorme Wichtigkeit aus der Sicht von Schülern. So wünscht sich „die Mehrheit der Jugendlichen" eine „stärkere Rezeption, Reflexion und Produktion von Webvideos in der Schule" (Rat Kultureller Bildung, Jugend/Youtube 2019, S. 11). Über die Hälfte der Schülerschaft erachtet YouTube-Videos als „wichtig bis sehr wichtig" (ebd., S. 10). In der 8.

Jahrgangsstufe der beiden süddeutschen Gymnasien, an denen wir Autoren lehren, gaben etwa **90 % aller befragten Schülerinnen und Schüler** an, sich vor der Klassenarbeit regelmäßig **Erklärvideos** anzusehen. Das damit verbundene **Problem** liegt auf der Hand: Schüler wenden sich Lernvideos zu, da ihnen die Vertrautheit mit der Form das Lernen scheinbar ermöglicht oder erleichtert. Da die zahllosen, von irgendwem gemachten Videos aber **nicht immer** über die notwendige sachliche **Richtigkeit** oder Qualität verfügen, kann es zu folgeschweren Fehlinformationen kommen, die wieder in die schulische Praxis zurückschlagen. Qualitätsunterschiede der einzelnen Videos lassen sich zwar durch Klickzahlen, Autorenschaft und die gut gefüllten Kommentarleisten erahnen, aber Jugendliche sind nicht naturgemäß mediengebildet – und gerade daher ist das Klagen über junge *Tuber* so verheerend, weil es eben nichts zur tatsächlichen Aufklärung beiträgt. So antworten über 65 % der Befragten, dass sie sich über die Richtigkeit der Informationen keine Gedanken machen, und über 80 %, dass sie **keine Kriterien vermittelt bekommen haben**, nach denen man ein Video als besonders lehrreich beurteilen kann. Auch was durch ein Lernvideo nicht gelernt werden kann, ist nicht allen bewusst. So waren sich lediglich 50 % der Befragten darüber im Klaren, dass eine Mathematikaufgabe oder ein Deutschaufsatz nicht im Videoformat allein verstanden werden können, sondern ergänzende Übung und Anwendung notwendig sind (Ergebnisse der schuleigenen Befragung der Autoren).

Erklärvideos als Teil von Medienbildung und Schule

In dem von der Kultusministerkonferenz bereits 2012 verabschiedeten Papier zur Medienbildung wird deren Stellenwert an fünf Dimensionen festgemacht: Neben der Lernqualität ordnet die KMK dem modernen Medieneinsatz „Möglichkeiten der gesellschaftlichen und kulturellen Teilhabe und Mitgestaltung" zu. Des Weiteren könne „die Identitäts- und Persönlichkeitsbildung der Heranwachsenden" sowie deren „Wertorientierungen und ästhetische[s] Urteilsvermögen" geschult werden. Wichtig sei ferner der „**Schutz vor negativen Wirkungen der Medien und des Mediengebrauchs**" (KMK 2012, S. 9).

Daher ist es gerade Aufgabe der Schule, sich dieser Mediensozialisation anzunehmen: „Obwohl Kinder und Jugendliche sich fast täglich in ihrer Freizeit mit digitalen Medien beschäftigen und viele entsprechende Endgeräte besitzen [...], schöpfen die Bildungsinstitutionen die technischen Fähigkeiten ihrer Schüler noch zu wenig aus" (Knopf/Schrenker 2016, S. 51). Eine ernst zu nehmende und zeitgemäße Bildung muss den **mediatisierten Lebenswirklichkeiten** Rechnung tragen und mit veränderten Lernvoraussetzungen begegnen. Denn „Kinder und Jugendliche wachsen in ihrem Alltag schon längst in einer mediatisierten Welt auf" (Knopf/von Brand 2017, S. 3). Weiterhin muss die „mediale Handlungsfähigkeit von Kindern" (Hugger/Tillmann/Iske 2015, S. 8) geschult werden.

In der Ende 2016 vorgelegten Strategie der Kultusministerkonferenz zur „Bildung in der digitalen Welt" wird ebendies als neue und *verbindliche* Bildungsherausforderung formuliert: Um „die Potenziale junger Menschen besser zu fördern" (KMK 2016, S. 51), sollen ***Lehrende*** **in der Lage sein**, „[...] angesichts veränderter individueller Lernvoraussetzungen und des Kommunikationsverhaltens in der digitalen Welt **den adäquaten Einsatz digitaler Medien** und Werkzeuge zu planen, **durchzuführen** und zu reflektieren" (ebd., S. 26, Hervorhebung im Text, S. A.). Und das ist kein Empfehlungsschreiben, sondern ein nationaler Beschluss.

Der schulische Einsatz von Lernvideos liegt in unserer Verantwortung und ist ein Baustein dieser Medienbildung. Die Nutzbarkeit des Lernvideos besteht im Wesentlichen auf den zwei Ebenen, die dabei wirken und in diesem Heft vermittelt werden: der Rezeption von Videos in Lerngruppen oder deren Produktion. Der von Lehrerin oder Lehrer vorgeführte

Erklärfilm kann **Lese-, Informations-** und **Rezeptionsmedium** sein, wohingegen der von der Schülerin/vom Schüler produzierte Erklärfilm **Gestaltungs-, Kooperations-, Analyse-, Präsentations-** und **Visualisierungsmedium** zugleich ist:

1. Lernvideos von Lehrkräften

Lernvideos können als Input für Schüler bereitgestellt werden, um sie beim Lernen zeitgemäß abzuholen; von **Lehrerinnen und Lehrern gemacht oder** nur im richtigen Kontext **bereitgestellt**. Sie können als Wissensimpuls oder Hilfestellung in Erarbeitungsphasen mediale Abwechslung bieten oder Binnendifferenzierung ermöglichen. Lernvideos ermöglichen außerdem eine veränderte Form von Hausaufgabe und können im Sinne des *Flipped Classrooms* den Unterricht auf den Kopf stellen.

2. Lernvideos mit Lerngruppe machen

Die Schüler können in der Eigenproduktion von Lernvideos **selbst als Lehrende handeln**, um beim inhaltlichen Lernen gleichzeitig Präsentations- und Medienkompetenzen zu erwerben. Das **Feynman-Prinzip** lehrt, dass das **Erklären die ideale Form des Lernens ist**. Produziert eine Schülerin/ein Schüler ein Video, muss sie/er den Stoff hinreichend verstanden haben, um ihn erklären zu können. Gerade in diesem Zusammenhang erfahren Lernende außerdem gleichzeitig Kriterien der Nutzung (Was ist ein gutes Video? Wie erstellt man ein Video?), um ihren künftigen Medienkonsum bewusster und gezielter gestalten zu können.

2. Was leistet diese Didaktik des Lernvideos unter welchen Voraussetzungen und mit welchem Glauben?

Diese kleine Didaktik des Lernvideos zeigt Formen und Stile, um Lehrkräften eine Übersicht über die Gestaltungsbreite zu geben, wie eigene Lernvideos aussehen könnten. Die Begriffe Erklär- und Lernvideo werden hierbei synonym verwendet. Das vorliegende Heft reflektiert dabei den didaktischen Wert des Erklärvideos als Lerngegenstand. Es zeigt innerhalb des Schulbetriebs sowie verschiedener Unterrichtsphasen bis hin zur Hausaufgabe und Vorbereitung auf Klassenarbeiten angemessene Einsatzmöglichkeiten. Da dies fach- und schulartübergreifend geschieht, ist mitunter zwangsweise eine gewisse Verallgemeinerung erforderlich. Es wird aber immer wieder auf anschauliche und übertragbare Beispiele geachtet. Außerdem wurde versucht, mittels eines Kriterienkatalogs (vgl. S. 33 und 58 f.) für die Leserin/den Leser ermittelbar zu machen, was ein geeignetes Thema für ein Erklärvideo im eigenen Fach sein könnte.

Dieses Heft leitet außerdem mit kopierfähigen Materialien und Schritt-für-Schritt-Anleitungen dazu an, als Lehrkraft oder mit Schülern Erklärvideos zu produzieren.

Gleichzeitig ist diese Publikation von der grundsätzlichen und moderaten Überzeugung beseelt, dass Erklärvideos keineswegs der Messias eines neuen Unterrichtens sind oder Lehrkräfte in irgendeiner Form ersetzen können. Lernvideos sind nicht mehr, aber auch nicht weniger als eine ausgesprochen sinnvolle und zeitgemäße *Ergänzung* innerhalb der *notwendigen* Methodenvielfalt des Unterrichts, und deren Einordnung ist das Ziel dieses Hefts. Es gilt zu zeigen: Das Lernvideo bietet in bestimmten Lernsituationen eine besondere Chance, es löst in verschiedenen Kontexten bestehende Alltags- und Unterrichtsprobleme, aber eben nicht in allen und immer. Der im Lernvideo erscheinende Lernstoff ist eine Symbiose aus *medialer* Alltagswirklichkeit der Schüler mit schulischem Anspruchs*inhalt*. Inwiefern Strategien der Komplexitätsreduktion, die im Marketing-Bereich erfolgreich genutzt werden, auch schulisch sinnvoll sind, wird in diesem Heft dahingehend eruiert werden.

Hierbei ist grundsätzlich das Anliegen, keine Produkt-, sondern eine Konzeptschulung zu leisten. Da Apps ständigen Aktualisierungen und Neuerungen unterworfen sind, wird vielmehr grundlegend auf allgemeine Bearbeitungsprinzipien hingewiesen (und nicht jede App im Detail erklärt).

3. Handhabung des Hefts und der Materialien

Dieses Heft besteht aus einem Schriftteil, der auf Videomaterial verweist, damit das Erklärte anschaulich und nachvollziehbar ist. Innerhalb des Hefts wird an gegebener Stelle auf die Videos verwiesen, damit Heftinhalte anschaulicher und nachvollziehbarer erscheinen. Durch das Piktogramm am Rand erkennen Sie, ob ein Lernvideo das im Text Beschriebene veranschaulicht oder erklärt. Folgende Videos begleiten das Heft. Sie können Sie mit Webcodes über **www.westermann.de/webcode** downloaden.

V1 – V11

WES-122826-001 bis 011

oder

WES-122826-099

Videos zum Heft auf einen Blick

1. Was ist ein Erklärvideo?
2. Lernen mit Erklärvideos: Was bringt das?
3. Wann lohnt es sich, ein Erklärvideo zu machen
4. Aufbau und Kriterien eines guten Erklärvideos
5. Formen der Erklärvideos: Der Kartenlegetrick (analog und digital), Stop-Motion-Animationen, Screencast, gefilmter Vortrag und Greenscreens, Animatics
6. Sechs Leitsätze für den Einstieg in die eigene Videoproduktion
7. Schritt-für-Schritt-Anleitung für Lehrkräfte: Wie mache ich ein Erklärvideo?
8. Schritt-für-Schritt-Anleitung: Erklärvideos mit Schülern erstellen
9. Für den Einsatz im Unterricht: Das schlechteste Video der Welt
10. Übung für die Unterstufe: Ein Video vertonen
11. Einsatzmöglichkeiten von Erklärvideos

Ergänzend zu Video und Schrift finden Sie einen kopierfähigen Materialanhang, in dem für praktische Anleitungen und Übungen Arbeitsblätter zur Verfügung stehen. Mit diesem können Sie selbst Videomacharten ausprobieren, aber auch im Unterricht einsetzen und als Schüleranleitungen kopieren (vgl. S. 85 – 89).

Durch **dickgedruckte** Wörter zollen wir dem Umstand Rechnung, dass **Leserinnen und Leser** mit unterschiedlichem Vorwissen an bestimmte Teile dieses Hefts herantreten. Sie **können** sich also auch **kursorisch** durch den Printteil hindurchblättern, indem Sie die markierten Wörter wie Hashtags oder Schlagworte verstehen, die über zentrale Informationspunkte Aufschluss geben und dergestalt zum Verharren einladen.

Bewusst vermeiden wir ausufernde Fußnoten, um das Heft anschaulich, einfach und praxisnah zu halten, obgleich es durchaus theoretische Ansätze enthält und nicht nur ein Praxisheft ist. Der Titel „Kleine Didaktik“ trägt nicht nur dem Umfang Rechnung, sondern auch dem Grad an fachwissenschaftlicher Vertiefung: Als Anleitung wollen wir kein fachwissenschaftliches Buch schreiben, liefern aber durchaus ernst zu nehmende Ansätze, die vielleicht in weiteren Publikationen – so hoffen wir – vertieft und untersucht werden.

II. Das Erklärvideo als Lerngegenstand in der Schule verstehen

1. Vorbehalte gegen Lernvideos: Schaffen sich die Lehrkräfte ab?

> „Lernprozesse, die in der eigenen Wahrnehmung eine Veränderung des eigenen Selbst beinhalten, werden als bedrohlich eingestuft und häufig abgewehrt."
> Carl Rogers: 10 Prinzipien des Lernens (vgl. Rogers 1974, S. 144)

Lehrkräfte haben häufig eine bestimmte Vorstellung von ihrer Rolle als Wissensvermittler, der das Plenum von vorne dirigiert. Mit Erklärvideos verbindet sich dahingehend eine **große Angst vor Kontroll- und Rollenverlust**, sogar vor eigener Nutzlosigkeit – oder verknappt: dass Lehrerinnen und Lehrer sich selbst abschaffen.

Vorbehalte gegenüber Lernvideos fallen häufig ausgesprochen **extrem** aus, denn es wird unterstellt, es sei das Interesse, Unterricht und Lehrkräfte generell zu verändern oder gar zu ersetzen. Diese Ängste sind **unbegründet**, denn das ist niemandes Anliegen. Selbst Unterrichtsformen wie *Flipped Classroom*, die Lernvideos als wesensbestimmende Methode nutzen (siehe Kapitel VI., S. 71), betonen lediglich eine veränderte Rolle der Unterrichtenden und eine grundlegend andere Idee von Hausaufgabe als Video- und Wissensinput, die in einem stärker an Übung orientierten Unterricht resultiert. Gibt es mit *Flipped Classroom* auch vereinzelt existierende Beispiele, die Unterricht grundsätzlich und über alle Stufen hinweg nur an Erklärvideos orientieren, muss diesen vorgehalten werden, dass sie dieselbe Einseitigkeit fördern, an der bereits der Frontalunterricht einst litt und scheiterte.

Ein Extrem löste das andere nur ab, aber nicht auf.

Es kann also **keinesfalls Ziel oder Interesse sein, dass ein digitalisierter, reiner Erklärvideo-Unterricht den Klassenunterricht ablöst**. Dies ist zwar technisch möglich, aber aus fachdidaktischem Verstand heraus nicht sinnvoll. Wir müssen Digitalisierung daher nicht immer gleich totalisieren in unserer Vorstellung, nur weil wir uns betroffen meinen – schließlich hat das Fernsehen das Theater ebenfalls nicht obsolet gemacht und auch die Malerei hat die Fotografie überlebt.

Die Abschaffung der Lehrkräfte (als Medium der Wissensvermittlung) durch das Video ist eine fatalistische Angst, die unbegründet ist. Schließlich können wir Lehrkräfte viele Dinge, die ein Video nicht kann. Wir werden immer der **Garant für Lernerfolg** sein, da **Beziehung**, Erziehung, Lob, Tadel, Humor und individuelle Betreuung nur im direkten zwischenmenschlichen Kontakt erfahrbar werden. Ein Video ist statisch und fixiert, nicht zu einer Reaktion fähig. Auch abseits der sogenannten Beziehungsebene bleiben im Unterricht mit Video die Lehrerinnen und Lehrer das zentrale Schaltorgan: Denn ein **Video**, das im Unterricht gezeigt oder als Hausaufgabe gegeben wird, **führt zu** die Inhalte vertiefenden Übungen, Gesprächen, **Fragen** und individuellen Reaktionen, die nur ein Mensch leisten kann. Es werden durch das Kurzvideo nicht alle Wissensfacetten aufgezeigt. Manch einer hat Fragen, weil ihn mehr interessiert, andere brauchen Hilfe, das Angelernte nun anzuwenden.

Vorteile für Lehrerinnen und Lehrer

Lehrkräfte sind im Gegensatz zu einem Video flexibel und reagieren. Wir sind aber an Ort und Zeit gebunden. Wiederholungen sind für lebendige Geschöpfe irgendwann anstrengend, weil man sich im Akt der Wiederholung abnutzt und irgendwann die eigene Erklärung nicht mehr mit der eigentlich gebotenen Euphorie und Sorgfalt gibt.

Wie Lernen den Zwang der Wiederholung mit sich bringt, so ist das Lernvideo von der Möglichkeit einer am individuellen Bedürfnis orientierten und unendlichen Wiederholbarkeit getragen – frei von Raum- und Zeitzwängen.

V2

WES-122826-002

Und so drehen wir den Spieß doch einmal um und überlegen nicht, was zu befürchten ist. Denken Sie doch einmal an Momente, an denen Sie vielleicht selbst davon **profitiert** hätten, ein **Lernvideo genutzt** oder gar selbst produziert zu haben, weil die Vorteile des Mediums Ihnen etwas ermöglichen, was für Sie im Alltag sonst ein Problem ist. Es könnte sich um eine bereits durchlebte Alltagssituation handeln, in der Sie vielleicht schon mal schnell wissen wollten, wie man bspw. einen Ölwechsel macht – und auf YouTube fündig wurden –, oder durchaus direkt auf Schule bezogen sein.

Haben Sie sich nicht manchmal im Unterricht gefragt oder gar geärgert, warum Sie nun schon wieder – zum hundertsten Mal – denselben Sachverhalt darlegen müssen? Gerade in der **Schule**: Klasse um Klasse, Tag um Tag, Jahr um Jahr, viele **Abläufe** und Inhalte **wiederholen sich, ohne sich zu verändern**. Sie sind geeignet und lohnen den Aufwand für ein Lernvideo, damit Sie mehr Kraft für all die notwendigen individuellen Reaktionen haben, die Ihnen dieser Beruf täglich abringt.

Ein Video wird Sie schonen, sodass Sie beim Helfen nicht jedes Mal alle Wissensgrundlagen wiederholen müssen. Aus dem vielleicht genervten Vorwurf „Mensch, das habe ich gerade vorhin erklärt!" wird ein hilfreicher Appell: „Schau dir das Video nochmals an, falls du es nicht verstanden hast!" **Das entlastet beide Seiten: die Lehrer- und Schülerschaft.**

Wer lehrt, muss reden und erziehen zugleich. Stellen Sie sich vor, es gibt Situationen, in denen Sie nur noch eine dieser beiden Aufgaben haben. Oder Situationen, in denen Sie einfach mal beobachten können, um einen diagnostischen Blick für Ihre Schüler zu haben. Andere Situationen im Schullalltag: Fragen Sie sich doch einmal beim aufwendigen Vorbereiten eines Tags der offenen Tür an Ihrer Schule, wozu Sie denselben Aufwand jedes Jahr wieder machen? Für jede einzelne Gruppe nochmals denselben Monolog halten! Jedes Jahr dieselben Diktate diktieren und Hausordnungen vorlesen! Oder hat Ihnen die Präsentation eines schulischen Konzepts vor Eltern nicht jedes Jahr denselben Vortrag abverlangt? Wäre der gleichbleibende Transparenzerlass zur Benotung Ihrer Fachschaft nicht besser einmal als Video aufgenommen, anstatt dass 14 Deutsch- und Mathelehrkräfte jedes Jahr an jedem Elternabend dasselbe Prinzip erläutern? Wäre Ihre schulische Sonderfunktion in einem bestimmten Bereich nicht einfach auf der Homepage mit einem Erklärvideo darstellbar? Hätten Sie diese und viele andere Bereiche nicht als Erklärvideo leisten können? Denken Sie selbst nach, welche Einsatzbereiche sich Ihnen auftun.

Haben Sie sich nicht einmal nach einer langwierigen und wenig ertragreichen **Fortbildung** gefragt, warum Sie nun den ganzen langen Weg auf sich genommen haben, um sich den ganzen Tag Dinge anzuhören, deren Machart, Sinn und Zweck Sie vielleicht in einer Stunde hätten erfahren können? Hätte Ihnen an diesem Tag vielleicht ein Online-Webinar weitergeholfen? Sie hätten sich den Inhalt von zu Hause aus ansehen und vorspulen können, wenn Sie Vorwissen zu einem Teilpunkt haben – eine Plenumssitzung hätte sich auf einen anschließenden Chat beschränken oder in Form von E-Mails geleistet werden können. Solche Vorhaben, **vorteilhaft vom Präsenzdenken** abzurücken, sind an verschiedenen Universitäten bereits gang und gäbe. Auch Regierungspräsidien testen solche Verfahren – in Baden-Württemberg wurde die Einführung des neuen Bildungsplans durch einen MOOC (= Massive Open Online Course) begleitet. Auch hier wird ein moderater Umgang die Zukunft des Lehrens bestimmen.

Und wenn wir hieraus schon unbedingt eine digitalisierte Zukunftsvision von Bildung ableiten wollen, ist diese durchaus moderat: Die Rolle der Lehrkraft könnte sich stärker in Richtung der individuellen Förderung und Diagnostik verschieben. Der klassische Input wäre dann vielleicht nicht unbedingt das zentrale Unterrichtselement und immer ein raumzeitlich einheitlicher Impuls vor der Klasse. Aber denken wir doch einmal darüber nach, werden wir feststellen: Die Rolle der Lehrkraft hat sich in den letzten Jahren ohnehin durch Gemeinschaftsschulen, Inklusion und Binnendifferenzierung bereits geändert. Dies mag nicht jedem gefallen, aber es wird nicht den Fatalismus rechtfertigen, zu sagen, der digitale Wandel schaffe die geliebten Unterrichtsformen und Medien ab. Wir können nicht wirklich glauben, dass unser zeitgebundenes, individuelles und auch **generationsbezogenes Rollenverständnis** über der Gesellschaft und deren Wandel steht. Das steht uns als Lehrerinnen und Lehrern nicht zu, weil wir uns mit dem Wissen verändern müssen, weil wir *lehren* und daher zum *Lernen* verpflichtet sind.

Es muss an dieser Stelle also keineswegs so weit gehen, dass wir bspw. die Lehrperson oder den Text als Leitmedium infrage stellen (was man übrigens in Bezug auf deskriptive, gesellschaftliche Mediennutzung heutzutage ganz einfach könnte!), sondern es muss einfach die Frage sein, ob es nicht in manchen Lernsituationen Vorteile gibt, die gewichtig genug sind, um ein Lernvideo anstelle eines Gesprächs im Klassenverbund einzusetzen. In dieser Didaktik des Lernvideos werden wir an mehreren Stellen zeigen, dass es viele Situationen und mediale Vorteile gibt, die einen Einsatz inner- und außerhalb des Unterrichts rechtfertigen.

Kurzum: **Lehrerinnen und Lehrer**, die Lernvideos machen, **schaffen sich nicht ab**. Sie schaffen mit Videos die Basis für eine darauffolgenden Interaktion und entlasten sich, da nicht gleichzeitig erzogen und vermittelt werden muss. Weiterhin erreichen Sie etwas noch Wichtigeres, nämlich Sensibilität und einen Zugang zu den Inhalten, der motivierender wirkt. Zudem vernetzen Sie sich mit der veränderten Alltagswirklichkeit Ihrer Schülerinnen und Schüler, die in anderen Medien und Aufmerksamkeitsverhalten agieren. In diesen Medien kann man sie ansprechen, erreichen und auch für die Wirklichkeit motivieren, die uns so wichtig erscheint.

Verschiedene Erkenntnisse der **Neurodidaktik** legen nahe, dass unser **Lernpotenzial** erst durch den **Willen** abgerufen wird. Lernvideos sind ein Baustein einer motivierenden und zeitgemäßen Unterrichtsgestaltung, die sagt: Ich versuche meinen Lernstoff an geeigneten Stellen für Lerngruppen digital zugänglich zu machen. Schülerinnen und Schüler werden aufmerksamer sein, aber eben auch nur so lange, wie dieser mediale Hype sich nicht zum herrschenden Prinzip macht, sondern ein Bestandteil von Schule bleibt. Unterrichtende müssen deshalb auch keine YouTuber werden und sich im Gestus einer Pseudojugendlichkeit einkleiden. Es gibt verschiedene entpersonalisierte Stile (Übersicht auf den S. 27, 28 und 32), die ein großes Maß an Sachlichkeit erlauben. Auch für Sie und Ihre Persönlichkeit gibt es das richtige Gestaltungspendant, in dem Sie sich wohlfühlen werden. Sicherlich braucht das ein bisschen Erfahrung, Spiel und Übung. Doch so weit sind wir noch nicht ganz. Machen wir eine kurze Pause und essen etwas.

2. Lernen und Essen: mit Videos Lernhunger erzeugen? Oder ist das nur Fastfood?

V2

WES-122826-002

> „Daher hat Lernen so viel Ähnlichkeit mit Essen, und das a priori Wissen ist ein Sattwerden, ein Ernähren, ohne zu essen."
> Novalis

Etymologisch ist der Begriff „Lernen" mit den Wörtern „Lehren" und „List" verwandt. Dass er etwas mit Essen zu tun hat, ist eine Analogie des romantischen Dichter-Philosophen Novalis, der Lernen eine „Ähnlichkeit mit Essen" attestierte. Die Aufnahme von Essen entspräche damit eigentlich dem Wissen, welches der Körper einlagert. Das klingt bei aller Metaphorik wegen bestimmter Merkmalsübereinstimmungen logisch. Novalis spricht aber weiterführend von einem *Wissen a priori*, das ihm als ein „Sattwerden, ein Ernähren, ohne zu essen" erscheint. Kann man also **wissen**, ohne zu lernen, oder umgekehrt satt werden, ohne zu **essen**? Das erscheint in der Tat unsinnig, ist es aber nicht. Befunde aus der Hirnforschung lösen dieses scheinbare Paradoxon auf: Das Gehirn ist kein „Datenspeicher, in den nur etwas geschickt eingefüllt werden muss, sondern ein autonomer Datenerzeuger, der auf seine Weise Informationen bewertet und zu Bedeutungszusammenhängen verknüpft" (Hermann 2009, S. 15). Auch wenn man es sich häufig so vorstellt, ist **das Gehirn kein Silo**, in den wertvoller Wissensmais eingeladen wird, sondern paradoxerweise ist es eine Art magisches Füllhorn, das den Inhalt selbst generieren muss. Ergo: Die Lehrkraft füttert die Schülerinnen und Schüler also nicht, sondern sie muss sehen, dass die Lernenden sich – wenn man so will – **selbst ernähren**.

Man kann die Lernenden daher nicht extensiv anfüttern wie Mastkühe, denn Lernen kann man – so die Hirnforschung – ebenso wenig erzwingen wie Hunger. Spitzt man diese Metaphorik etwas zu, erscheint das derzeitige schulische Lernen für Klassenarbeiten in vielen Bereichen wie ein Bulimie-Patient, der sich kurz vor Termin einer Fressattacke hingibt und dann entleert. Die Folge: Kein Fett wird eingelagert, Lerneffekt gering.

Lernen heißt Wollen, Lehrkräfte sollten daher zum Essen einladen und schmackhaft servieren. Leicht gesagt, schwer gemacht, denn „die Lernsituation" muss „dem Schüler in irgendeiner Weise attraktiv erscheinen […]" (Roth 2009, S. 65). Dass sie das nicht immer ist, wird uns im eigenen Fach manchmal nicht unmittelbar klar werden, sonst hätten wir es ja nicht studiert, aber ein Blick in andere Fächer mit entsprechender Kindheits- und Schulvergangenheit bewahrheitet, dass attraktives Lernen kein schulisches *All-Inclusive-Angebot* ist. Lernen ist also doch in gewisser Weise *List*, in der man Mittel und Wege findet, Aufmerksamkeit zu fokussieren und Interesse zu wecken, das zuvor nicht da war.

Doch was hat das mit Erklärvideos zu tun?

Im Sinne der eben dargestellten Erkenntnisse ist ein Lernen, das Erklärungen selbst produziert, nicht nur zu befürworten, sondern geradezu adäquat, weil es den Gehirnprozess abbildet. **Schülerinnen und Schüler, die selbst Videos machen**, tun nichts anderes als Erklärungen zu produzieren. Die List ist, dass man ihnen das Themenverständnis als

Basiszwang unterschiebt. Da ihnen diese Videoproduktion des Weiteren häufig ohnehin ein Anliegen ist, ist grundlegendes motivationales Interesse geschaffen und keiner fühlt sich veralbert oder zum Lernen gezwungen.

Aber nicht nur die Produktion von Videos mit Schülern, sondern auch die **Videorezeption** bietet gewisse Lernvorteile:

Da das Fächerbüffet gleichzeitig medial vermittelt wird und man hier – nochmals metaphorisch gesprochen – verschiedene Geschmäcker und Esstypen mit Unverträglichkeiten hat, ist Multisensualität ein nicht zu unterschätzender Vorteil. Für die Art und Weise, wie gelernt wird, ist die Lehrkraft als eine Art Koch methodisch und medial verantwortlich, der Bestandteile der Bildungspläne zu Gerichten arrangiert. Und eben hierin besteht die Schwierigkeit, da momentan ein Unterricht für viele verschiedene Heranwachsende verordnet wird: „Viele scheinbare Lernschwierigkeiten von Schülern beruhen darauf, dass in der **Schule in aller Regel ein bestimmter Wissensvermittlungstyp**, nämlich derjenige des sprachlich vermittelten Lernens, dominiert, der keineswegs allen Schülern ‚liegt'" (Roth 2009, S. 64). In der Neurodidaktik wird auf eine besondere Schwierigkeit des Lernens und Lehrens hingewiesen: Gute Lehrerinnen und Lehrer müssten eigentlich „den Lern- und Gedächtnisstil" jedes Einzelnen immer in der konkreten Unterrichtsgestaltung berücksichtigen. Fakt ist: Dies hätte eine mediale Binnendifferenzierung zur Folge, die sich nicht darauf beschränkt, mal ein Musikstück als Einstieg zu einem Gedicht zu präsentieren. Oder nochmals metaphorisch: Die Lehrkräfte müssten dreißig Einzelgerichte kochen. Fraglich bleibt neben der schieren Machbarkeit, wie ein Mathematiker Funktionen mit dem Geschmackssinn erlebbar machen soll. Eine weniger exotische und schlichtweg näherliegende Alternative dazu stellt eine bewusste Multisensualität im Unterrichtsalltag dar, deren Bestandteil auch Erklärvideos sein können. Lernvideos sprechen immer schon das Visuelle und Auditive gleichzeitig an; Fühlen, Riechen und Schmecken könnten sprachlich durch Beschreibungen oder sogenannte Prozessworte (fühlen, empfinden, spüren usw.) imaginativ evoziert werden (vgl. ebd., S. 52) – wobei sich hier tatsächlich im didaktischen Kontext natürlich die Frage stellt, ob dies immer zielführend ist. Der **Call-to-Action-Bereich** eines Videos kann aber ebenfalls eine ganzheitliche Sinneswahrnehmung ansteuern. So könnte in einem Lernvideo im Fach Biologie über verschiedene Baumtypen die Aufgabe angeschlossen werden, die unterschiedlichen Baumrinden zu ertasten, ein Stück mitzunehmen und den Geruch (bspw. Gingko) zu erspüren. Die Ergebnisse – je nach Wohnort – könnten als sinnliches und sprachliches Erlebnis in der Klasse zusammengetragen werden.

Abgesehen davon, dass ein Video also eine interaktive Verzahnung mit der sensuellen Realität herstellen könnte, ist die Merkfähigkeit eines Videos nachweislich besonders hoch. Der Videodienstleister *videoboost* untersuchte Lernvideos zu Marketingzwecken, die Ergebnisse sind aber problemlos auf Schule übertragbar, denn:

> „Menschen verinnerlichen Informationen durch visuelle Darstellungen besser. 68 % der Nutzer erinnern sich besser an die Informationen, die sie in einem Video gesehen haben, als an rein textliche Inhalte. Indem Sie Video Marketing einsetzen, machen Sie es also nicht nur sich selbst einfacher, sondern auch Ihren potenziellen Kunden."
> (Die unglaubliche Geschichte hinter diesem Video, videoboost 2018)

Doch woran liegt es, dass das Gehirn Informationen aus **Erklärvideos** besser verinnerlichen und merken kann? Das liegt mitunter an ihrer einfachen, anschaulichen und übersichtlichen Struktur. Aus neurowissenschaftlicher Perspektive „vereinfacht […] eine Organisation oder Strukturierung von komplexem Material die Einspeicherung" (Brand/Markowitsch 2009, S. 73). Schulische Lerninhalte müssen einerseits „strukturiert dargeboten werden" und andererseits „sollten Schüler motiviert werden, Lerninhalte entsprechend eigener Strukturierungsregeln oder -ideen zu organisieren" (ebd.). Die **klare und anschauliche Struktur** sowie die reduzierte Komplexität eines Erklärvideos sind also **ideal** für Lernen und Behalten. Gleichzeitig ist die eigene Anwendung und Produktion von Videos durch Schülergruppen besonders zu befürworten, insofern als hier sogar eine eigene Informationsorganisation erfolgen muss.

Erklärvideos – mehr als Audio im Kopf

Auch andere Untersuchungen weisen auf einen höheren Wirkungsgrad hin, wobei dies nicht einzig mit der Visualisierung einhergeht, sondern mit der Multisensualität insgesamt (vgl. Simschek/Kia 2017, S. 50 f.). Leider liegen – unseres Wissens – noch keine Untersuchungen vor, die den Einfluss von Musik in Erklärvideos im Hinblick auf die Merkfähigkeit überprüfen.

3. Komplexitätsreduktion als schulische Vermittlungsstrategie – ein kritischer Blick

„So einfach wie möglich. Aber nicht einfacher!"
Albert Einstein (zitiert nach Rau 2004)

Der Mensch ist eine Spezies, bei der Neugier und Bequemlichkeit in einer eigentümlichen Gleichzeitigkeit koexistieren. Gerade **heute** scheint es mit Phänomenen wie „leichter Sprache", Emojis, Hashtags und Erklärvideos eine greifbare gesellschaftliche **Tendenz zur Komplexitätsreduktion** zu geben, die mitunter auf einem stärker werdenden Wunsch nach Beschleunigung, unmittelbarer Erfassbarkeit und somit weniger Widrigkeiten im Verstehensprozess beruht.

Nicht nur 3- bis 5-minütige Erklärvideos, sondern auch WhatsApp-Chats dokumentieren, dass die **Informationseinheiten** kleiner (vgl. Simscheck/Kia 2017, S. 19), aber eben häufiger werden. Das heißt: Der Mensch sieht sich bei informativem Austausch lieber mehrere kurze Einheiten anstelle einer langen an. Dies trifft auch auf Erklärvideos zu. Videoanbieter raten diesbezüglich sogar, die 2-Minuten-Marke nicht zu überschreiten (vgl. ebd., S. 58). Doch will Schule ihre Inhalte einfach und schnell machen oder ist es nicht gerade der Lernaufwand, der schulische Denkstrukturen den ihnen eigenen Kompetenzanspruch gibt?

Man könnte dem elitären Wunsch nach möglichst komplexer Vermittlung (bspw. als einer gymnasialen Struktur) entgegnen, dass es sicherlich eine größere **Kunst** ist, einen **schwierigen Stoff einfach zugänglich zu machen**, als einen vermeintlich einfachen Sachverhalt durch Sprache ins Komplexe zu verklären. Denn das Reduzieren des Inhalts darf seinerseits nicht zu einer Verfremdung der sachlichen Richtigkeit führen, was voraussetzt, dass der Stoff nachhaltig und vertieft durchdrungen sein muss. **Vereinfachung darf niemals Verfälschung oder Verfremdung bedeuten**. Insofern lässt sich diesbezüglich in der Tat festhalten, dass die Vermittlungskomplexität für die Lehrenden steigt. Dafür steigt aber auch die Zugänglichkeit des Lernstoffs für die Lernenden.

Die Frage nach der **Zugänglichkeit des Lernstoffs** ist aber auch eine nach der Einstellung der Lehrkraft: Will ich, dass meine Schüler leichter einen Zugang finden, damit ich sie abholen kann? Oder will ich ihnen das erschweren, weil der Stoff einen Anspruch gebietet, der sich in den Stil übertragen muss?

Glauben Sie nicht, dass gerade ein erster, leichter und an der Lebenswelt orientierter Zugang Offenheit für den darauf folgenden Aufbau von Komplexität eröffnet, wohingegen der umgekehrte Prozess häufig zu Ablehnung führt? Sicherlich sind Anspruchsbarrieren für begabte Schüler wie Rätsel, die sie reizen. Aber was ist mit dem Rest der Klasse?

Die konkrete Reduktion von Komplexität bezieht sich häufig darauf, dass Dinge in einfacher Sprache und mit wenigen Fremdwörtern präsentiert werden. Dies ermöglicht dem Empfänger anzudocken, wohingegen überfrachtete und verschlüsselte Information weniger zugänglich erscheint. Auch hier finden wir bestätigende Belege aus den Neurowissenschaften: „Existieren ein bestimmtes Vorwissen und ein bestimmter Bedeutungskontext nicht im Gehirn“ des Rezipienten, „so findet keine Bedeutungskonstruktion statt oder zumindest nicht die, welche der Sprecher intendierte“ (Roth 2009, S. 61).

Und mit **didaktischer Reduktion** – dem Schlüsselbegriff der Unterrichtsplanung – ist doch gemeint, einen **Stoff** exemplarisch und altersgemäß auf die Schülerin/den Schüler und seine Lebenswelt zu **reduzieren**, um **Zugänge zu ermöglichen**. Insofern ist die Komplexitätsreduktion in Erklärvideos auch eine didaktische Reduktion *en miniature*.

Ein weiterer Aspekt ist, dass wir kulturell nach wie vor **dazu neigen, Videos und Filme nicht automatisch als Bildungsmedien zu behandeln**. Teilweise liegt das daran, dass sie mit dem Unterhaltungssektor identifiziert werden und uns daher nicht komplex genug erscheinen. Wer aber je einen Film von Peter Greenaway, David Lynch oder Stanley Kubrick eingehender analysiert hat oder sich auf ARTE eine aufwendige Dokumentation ansieht, wird doch bestreiten müssen, dass es diesem Medium an Bildungwerten oder Komplexität mangelt. Als hätten wir aus der **Mediengeschichte nichts gelernt**, sprechen wir dem Text aus Gewohnheit eine Hoheit zu und machen dabei einen ähnlichen Fehler wie der Antikenforscher Winkelmann, der einst 1754 die Skulptur des Laokoon höher schätzte als die Poesie über denselben von Virgil. Bis ihn Lessings Schrift über „Laokoon“ (1766) und die Gattungsgrenzen von Malerei und Dichtung belehrte, dass es **keine Hierarchie der Medien gibt**, sondern lediglich unterschiedliche **Darstellungsformen und -grenzen**. Diesem Gedanken eingedenk erscheinen auch Text und Video heute wertungsfrei als Medien. Beide ermöglichen Wissensgewinn, beide bedürfen der Anleitung, wie man sie zu lesen hat.

Was uns wenig komplex wirkt, sind Gewohnheiten in der Rezeptionshaltung selbst, da wir Videos in einem vermeintlich inaktiven Zustand zwischen Entspannung und Neugier betrachten, wohingegen gerade Sachtexte durchaus eine spürbar körperliche Konzentration fordern. Daher eignet sich die Abwechslung zwischen beiden Aufnahmezuständen insbesondere für das Lernen.

Neben den medialen Eigenschaften und dem ihnen eigenen Stil, der sich vornehmlich sprachlich manifestiert, fallen bei manchen Erklärvideo-Formen wie dem animierten Legetrick auch **Humor und Positivität als Stilmerkmale** auf: So werde der Videoinhalt eben „leicht verdaubar“ (Simschek/Kia 2017, S. 29). Und wieder sind wir beim Essen.

Der humoristische Stil liegt häufig an den Visualisierungen, die bspw. von Plattformen wie My-Simple-Show stark ins Comicartige überzeichnet sind. Hinzu kommen entsprechende Hintergrundtracks, die durch Pfeifgeräusche, Easy Listening oder einfache Melodien einen heiteren Eindruck vermitteln. Automatisierte Sprecher verstärken diesen Effekt durch einen Sprachton, der Sachbegeisterung dezent vermittelt.

Steht eben diese Verklärung nicht dem eigentlichen schulischen Ernst des Lernens entgegen?

Das Gegenteil ist der Fall, wenn man abermals Ergebnisse der Hirnforschung betrachtet: „**Positive Emotionen** während des Lernens wirken sich auf verschiedenen (Hirn-)Ebenen **vorteilhaft** für den **Lernerfolg** aus: Erstens werden [...] emotionale Inhalte leichter eingespeichert und erinnert; zweitens dienen emotionale Aspekte der Lernsituation als Abrufhinweise [...]; drittens aktivieren positive Emotionen während des Lernens das sogenannte Belohnungssystem im Gehirn, das verhaltensverstärkend wirkt“ (Brand/ Markowitsch 2009, S. 83). Diese Belohnungen sind keine Schokohäppchen, sondern lassen sich als ein Gefühl von affirmativer Selbstwahrnehmung beim Lernen vorstellen und sind dergestalt eine wichtige Konditionierung, damit Lernen dauerhaft positiv erlebt wird: „Belohnung und ‚Spaß‘ bewirken, dass das Gehirn umso besser funktioniert, je attraktiver die Lernsituation empfunden wird [...]“ (Hermann 2009, S. 14).

Natürlich können wir hier nicht immer der Neurodidaktik die Deutungshoheit zugestehen, nur weil sie empirische Aufzeichnungen des Gehirns leistet, immerhin sind Geist und Gehirn zwei verschiedene Dinge und die komplexen Zusammenhänge sozialer Interaktion, die das geistige Leben ausführt, sind noch nicht im Ansatz in Apparatsmessungen im Gehirn erfasst (vgl. Gabriel 2015, S. 21 – 23).

Diesen Restzweifel eingedenk, schwächen wir für den Moment die Erkenntnis ab und halten zumindest fest: Schülerinnen und Schüler müssen zunächst lernen, wie man Videos ansieht. Nicht die mangelnde Komplexität der Darbietung oder ein vermeintlich zu humoristischer Stil der Erklärvideos sind das grundlegende Problem, ganz im Gegenteil, aber zentral für ihren Nutzen ist die Einbettung in weiteres Unterrichtshandeln und eine gesunde Abwechslung mit anderer Mediennutzung. Andernfalls wäre ein Erklärvideo nur ein digitalisierter Frontalunterricht. Und die folgenden Phasen des Unterrichts müssen definitiv Komplexität aufweisen.

III. Stile und Formen des Erklärvideos: eine Übersicht

V5

WES-122826-005

Eigener Lehrstil + Inhalt = Videostil

Es gibt ganz unterschiedliche Formen und Stile ein Video zu gestalten. Als Stil verstehen wir hier Ihre persönliche Art, den Unterrichtsstoff zu erklären (z. B. sachliche Sprache, kindgerechte Visualisierung, humorvolle Geste usw.). Diese beruht maßgeblich auf Ihrer individuellen Lehrerpersönlichkeit. Diesbezüglich ist wichtig, dass Sie auch im Video möglichst authentisch erscheinen und nicht vor der Kamera einen Stil adaptieren oder spielen. Vielleicht denken Sie, dies sei ohnehin klar, aber wir beobachten häufiger, dass Lehrkräfte mit dem Drücken des Aufnahme-Buttons zu einer künstlichen Sprache tendieren oder sich schlagartig in eine Rolle hineinversetzen, die nicht mit ihrem Auftreten in der Klasse übereinstimmt.

Neben der Authentizität spielt für Ihre Stilwahl der zu vermittelnde Inhalt und die Art des Einsatzes eine Rolle. Daher muss der Lehrende vor der Konzeptionierung des Videos zunächst mit der Planung seiner Unterrichtseinheit beginnen und dabei bezüglich der Art des Inhaltes, der Lernziele und des Publikums reflektieren: Handelt es sich eher um eine Fülle konkreter Informationen oder um das Durchdringen von komplexen Gedanken? Vermutet man eine Schwierigkeit für Schülerinnen und Schüler im Erfassen und Nachvollziehen oder in der Anwendbarkeit? Sind die Inhalte ohnehin Teil der Lebenswirklichkeit der Schüler oder muss man zunächst einen Bezug herstellen? Werden sie ohnehin aufgeschlossen für das Thema sein oder sollte seine Relevanz erst herausgestellt werden? Sollte möglichst sachlich und für junge Erwachsene oder kindgerecht und eher unterhaltsam erklärt werden? Und nicht zuletzt sollte die Frage stehen: Handelt es sich um einen Stoff, den Sie als Lehrerin oder Lehrer immer wieder genauso unterrichten müssen?

Korrespondenz zwischen Lehrperson und Form

Im Unterschied zum Stil verstehen wir unter der Form wiederum, ob es sich um eine Animation, einen Legetrick oder einen gefilmten Vortrag handelt – also um die äußere Gestalt des Videos, deren Wahl selbstverständlich ebenfalls mit Ihrem Lehrstil korrespondiert. Auch ist es so, dass bestimmte Formen bestimmte Stile begünstigen. So wirkt ein animierter Legetrick meist eher humorvoll und ist nicht unbedingt von sachlichem Ernst getragen.

Diesbezüglich unterscheidet man stilistisch ***personale*** und ***neutrale*** (oder entpersonalisierte) Videos, je nachdem, ob der Erklärende selbst zu sehen ist oder nicht. Sämtliche Stile funktionieren grundsätzlich persönlich oder entpersonalisiert, sodass der Erklärende selbst entscheiden kann, ob er im aktuellen Fall zu sehen sein möchte oder nicht.

Fragen Sie sich selbst: Halten Sie häufig lehrerzentrierten Unterricht und gerne erläuternde Monologe? Dann wollen Sie vielleicht auch gerne vor die Kamera. Die akzeptierte Fachautorität des Lehrers kann zudem dafür sprechen, einen persönlichen Bezug im Video herzustellen, indem Sie selbst *auch* (Bild im Bild) oder sogar *zentral* im Bild sind. Sind Sie eher ein Lehrtyp, der in sachlichem und wissenschaftlichem Ernst unterrichtet? Steht für Sie das Fachliche über Ihrer Person oder der Beziehungsebene? Dann könnte dies ggf. dafür sprechen, eine neutrale Videoform zu wählen, bei der die Person nicht vordergründig und zu sehen ist. Unten stehend finden Sie zwei Zitate bekannter Erklärvideomacher, die sich dazu äußern, wie ihre persönliche Formwahl begründet ist. Um eine Entscheidung für eine bestimmte Art und einen Stil zu vereinfachen, kennzeichnen wir die Formen auf den folgenden Seiten nicht nur bezüglich ihrer Merkmale, sondern auch hinsichtlich ihres Schwierigkeitsgrades.

Mirko Drotschmann alias MrWissen2go, warum setzt du auf deine Person als Wissensvermittlungsinstanz?

Mirko Drotschmann, Photo by: Schmott Photographers

Es ist nicht unbedingt so, dass ich ein besonderes Bedürfnis habe, mein Gesicht der Welt zu präsentieren. Wenn's nach mir ginge, müsste ich das gar nicht machen. Aber ich habe gemerkt, als ich angefangen habe bei YouTube, dass das die Leute anspricht. Ich ließ mich damals durch die Blogs und Vlogs inspirieren [...]. Es macht schon etwas aus, dass man weiß, wer dahinter steckt und eine Bindung aufbauen kann. [...] Das wirkt einfach authentisch und das wiegt für mich als Argument schwer. [...] Natürlich kann das auch über eine sehr charismatische Stimme funktionieren. Ohne dass man die Person sieht, vermitteln solche Kanäle allein über die Art, wie sie sprechen, die Inhalte. Ich weiß nicht, ob mir das auch so gelingen würde und daher bin ich mit der gewählten Form sehr zufrieden.

Interview für dieses Heft, August 2018

Marcus von Amsberg von Ivi Education, warum vermeidest du deine Person in Erklärvideos?

lvi EDUCATION

In meinen Erklärvideos bin ich als Person nie zu sehen, weil ich Interessierten etwas erklären will, ohne die Erklärung von meiner Person abhängig zu machen. Ich will also nicht, dass Lernende meine Videos wegen meiner Person schauen, sondern weil sie sich für eine bestimmte Sache interessieren und meine Art der Erklärung verständlich finden. Ich erstelle Erklärvideos für Schülerinnen und Schüler und freue mich, wenn Lehrkräfte meine Videos didaktisch sinnvoll in ihren Unterricht integrieren. Das fällt Lehrerinnen und Lehrern leichter, wenn in den Videos nicht ein anderer Mensch sichtbar wird, der sozusagen ihre Rolle als Lehrkraft einnimmt.

Interview für dieses Heft, August 2018

V5

WES-122826-005

1. Screencast – Tutorials ganz einfach erstellen

i

Der **Bildschirm** wird mittels einer Software direkt **abgefilmt**. Der Erklärende kann über Bild-im-Bild selbst erscheinen, falls gewollt.
Für sogenannte ***Tutorials*** oder *How-to-Videos* eignet sich die Technik des Screencasts hervorragend. **Bsp.:** „Wie man sich in unserem Schulnetzwerk anmeldet" oder „Grundlagen der Textverarbeitung in MS WORD"

Vorteile	Nachteile
• Funktionen von Programmen, **Abläufe** bei Anmeldungen und Ähnliches lassen sich ganz **einfach vormachen**. • Möglichkeit, parallel oder nachträglich über eine Tonspur mündliche Erklärungen hinzuzufügen • Einzelne **Schritte** werden **nachvollziehbar** und können parallel von Schülern nachgemacht werden, während das Video geladen bleibt.	• Man muss entweder sehr genau überlegen, was man sagt, oder mittels einer **Schnittsoftware nachvertonen**. • Komplexere fachliche Inhalte lassen sich darüber kaum vermitteln, außer der Screencast ist nur zusätzliche Aufnahme einer anderen Präsentationssoftware (z. B. *Prezi* oder *Powerpoint*). • keine narrative oder emotionale Bindung möglich
DOs	**DON'Ts**
• neutral halten • Datenschutz beachten • klare Erklärungen und Sprache • langsam vormachen	• private Fotos als Hintergrund auf dem Desktop • vielsagende Ordner- oder Dateinamen unbeabsichtigt im Hintergrund • zu viele englische Fachbegriffe, zu schnell

Hard- und Software

iOS/MacOS	Android	Windows
• Bildschirmaufnahme über Kontrollzentrum aktivieren (iOS) • vorinstallierten ***QuickTime Player*** starten, *Ablage – Neue Bildschirmaufnahme* starten oder *cmd + shift + 5* drücken	• kostenlose Software wie z. B. den ***AZ Screen Recorder*** im *Google Play Store* laden, die im Hintergrund läuft; parallele Mikrofonaufnahme lässt sich dazuschalten.	• Open-Source-Software wie ***OBS Studio*** laden • Hier lassen sich auch Mausklicks anzeigen und man kann Text oder Logos einfügen.

Fazit: Die Bildschirmaufnahme kann auf jedem Gerät (Notebook, Tablet, Smartphone) praktiziert werden. Je nach Betriebssystem kann sie sogar schon integriert sein. Für Anspruchsvollere gibt es die für alle Systeme verfügbare, kostenlose Software *Open Broadcaster Software Studio*. Gute Möglichkeiten für einfache How-to-Videos bietet auch *screencast-o-matic.com*.

Schwierigkeitsgrad: 2 von 5

2. Legetricktechnik (analog) – Karten sprechen lassen und verschieben

V5, V8

WES-122826-005 und 008

i Mittels einfacher, meist farbig abgestufter, beschrifteter oder ikonischer **Karteikärtchen** wird im analogen Legetrickvideo ein Thema nach und nach auf einer monochromen Oberfläche erklärt. Zu sehen sind meist außerdem die Hände des Erklärenden, der die Karten auflegt und hierzu Wichtiges aus dem Off erläutert. Nahezu alle Inhalte lassen sich so knapp darstellen. **Bsp.:** „Regeln im Klassenzimmer“ oder „Das Wahlsystem der BRD“ oder „Schriftliches Multiplizieren“

Vorteile	**Nachteile**
• sehr viele Möglichkeiten • Didaktische Reduktion jeden Inhaltes erfolgt notwendigerweise durch Reduktion auf wenige Karten und Sätze. • Sehr viele (auch abstrakte) Lerninhalte lassen sich anschaulich vermitteln. • relativ wenig Medienwissen nötig (Kamerafunktion eines Tablets und Stativ reichen)	• Man braucht Ideen und sollte halbwegs zeichnen können. • Gefahr der zu starken Vereinfachung • relativ hoher Materialaufwand in der Vorbereitung (Karton, Schere, Filzstifte, Stativ, Tablet)
DOs	**DON’Ts**
• gute Möglichkeit für erste Videoproduktion mit Schülerinnen und Schülern • kreativen Spielraum geben/nutzen • Stativ verwenden (z. B. „Schwanenhals“)	• zu lange Videos, zu komplexe Themen (besser in kleine Einheiten verpacken und z. B. an Gruppen verteilen bzw. als Lehrkraft mehrere kurze statt ein langes machen) • „in einem Rutsch“ (das geht meist schief, besser jede Aufnahme einzeln) • „3-Flaschen-Stativ“ (gefährlich und *eben nicht* genauso gut)
Hard- und Software	**So sieht das dann aus:**
 Für Aufnahme und Schnitt ist ein Tablet wegen des größeren Displays deutlich besser geeignet als ein Smartphone. Eigentlich reicht die Kamerafunktion, aber Schneiden ist oft notwendig.	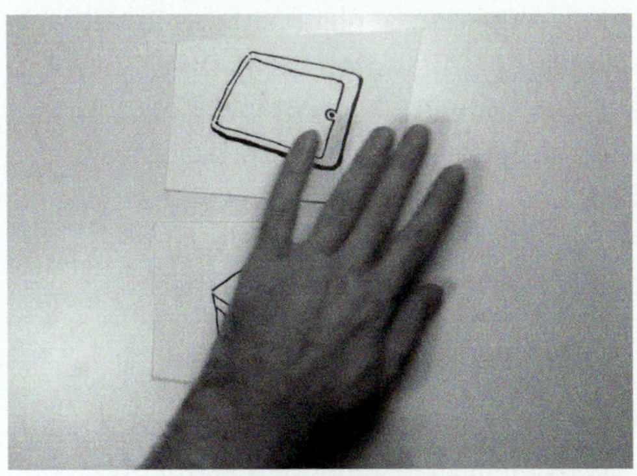
iOS (iPhone oder besser iPad)	Android (Smartphone oder besser Tablet)
• Für das Schneiden (und evtl. Nachvertonen) empfiehlt sich ***iMovie*** (vorinstalliert).	• kostenlose Software wie z. B. ***Power Director*** im *Google Play Store* laden

Fazit: Das analoge Legetrick-Video (auch *Explainity-Clip* genannt) ist eine charmante und praktikable Lösung, ein ***einfaches Erklärvideo*** relativ schnell herzustellen. Sie ist somit für Lehrer und Schüler, die erste Videos selbst herstellen wollen, absolut empfehlenswert.

Schwierigkeitsgrad: 2 von 5

3. Legetricktechnik (digital) – Erklärungen zeichnen und schieben lassen

Bei digitaler Legetechnik werden Software oder Plattformen verwendet, die bereits eine große Auswahl an **vorgefertigten Zeichnungen bereitstellen** und diese mittels einer ebenfalls **digitalisierten Hand** ins und aus dem Bild schieben. Die eigene Gestaltung beschränkt sich auf Drehbuch und Stimme.
Bsp.: „Endlich das/dass sicher unterscheiden“ oder „New York Cheesecake“

Vorteile	Nachteile
• Dank der vorgegebenen Zeichnungen (sog. *Scribbles*) und **guter Tutorials** entstehen recht schnell professionell aussehende Videos. • Sehr viele (auch abstrakte) Lerninhalte lassen sich so anschaulich vermitteln. • relativ wenig Material- und Zeitaufwand • Auch junge Schülerinnen und Schüler machen diese Videos gern und werden kreativ.	• Je nach Anbieter starres formales „Korsett“: Mal sind die Gesamtlänge oder die Anzahl gleichzeitig liegender „Kärtchen“ vorgegeben (mysimpleshow.com), mal ist die Art der Zeichnungen nicht homogen (videoscribe.co). • Gefahr der zu starken Vereinfachung

DOs	DON'Ts
• gute Möglichkeit für erste eigene Videoproduktion ohne viel Aufwand • ausprobieren, *wie viel man* bei einer fixen Länge von zwei Minuten erklären *kann* • „Pädagogen-Lizenz“ kostenlos beantragen: Aktuell gibt es erweiterte Angebote für alle Lehrer.	• die Schüler mal eben schnell sich im Unterricht anmelden und selbst produzieren lassen (es braucht schon Konzentration und Ruhe und Einzelarbeit) • WLAN-Verbindung überlastet, weil zu viele Rechner gleichzeitig ein Video machen

Hard- und Software	So sieht das dann aus:
Im Gegensatz zu allen anderen Arten von Videoproduktion ist hier nicht das Tablet, sondern der **PC/Laptop ideal**. Die großen Anbieter (aktuell v. a. mysimpleshow.com und videoscibe.co) liefern browserbasierte Software, die auf jedem Rechner läuft. Die Arbeit mit Maus und Tastatur ist komfortabler und die Videodarstellung einfacher.	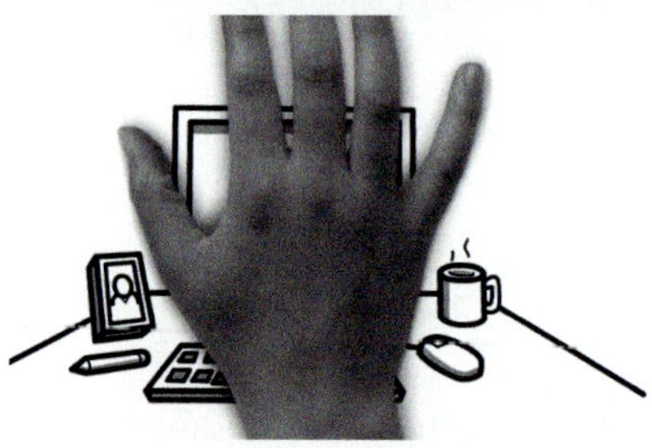

Mysimpleshow.com	Videoscribe.co
• Das Video im Lege-Stil entsteht ausgehend von einem zu erstellenden Skript und automatisch erkannten zentralen Begriffen. Bis zu 7 Scribbles pro Szene werden nacheinander „gelegt“ und abschließend „geräumt“. Höchstdauer: 2 – 3 Minuten.	• Das Video im Marker-Stil entsteht über frei zu wählende Bausteine aus Texteingabe, vorgegebenen Scribbles und eingebauter Vertonung. Mehr Freiheiten, aber etwas weniger einheitlicher Look als bei mysimpleshow.

Fazit: Mit wenig Übung, ohne viel zeitlichen, finanziellen oder medialen Aufwand entstehen recht schnell (1 – 3 Stunden) professionell aussehende Erklärvideos. Ein Manko sind die Notwendigkeit eines Accounts und die Einschränkungen bei kostenlosen Versionen.

Schwierigkeitsgrad: 2 von 5

4. Stop-Motion-Video – Bewegtbilder zu einfachen Vorgängen

V5

WES-122826-005

Ein Stop-Motion-Video entsteht über das Aneinanderfügen vieler **einzelner Bilder**. Eine Software macht daraus einen Film und bietet vereinfachende Technik, z. B. durch eine halbtransparente „Spur“, die das letzte gemachte Foto anzeigt und so genaue Bewegungen von Gegenständen ermöglicht.
Für Zeichen- oder Faltanleitungen als *How-to-Video* gut geeignet, außerdem sind kreative Videos z. B. mit Knet-, Lego-Männchen und Ähnlichem möglich.
Bsp.: „Wie man ein Auge zeichnet“ oder „Der Liebestanz von Bleistift und Radierer“

Vorteile	Nachteile
• Einzelne Stufen eines Herstellungsprozesses lassen sich genau zeigen. • Über die Funktion „rückwärts“ lassen sich tolle Effekte erzielen (z. B. eine sich wieder anziehende Banane, eine aus dem Glas in die Flasche stürzende Flüssigkeit). • technisch sehr einfach herzustellen, ein Tablet (am besten mit Stativ) genügt • Auch sehr junge Schülerinnen und Schüler machen diese Videos sehr gern und werden kreativ.	• Für wirklich gute Ergebnisse braucht man häufig auch Kenntnisse einer zusätzlichen Schnitt-Software. • Komplexe fachliche Inhalte lassen sich kaum vermitteln. • Längere Abläufe brauchen Geduld und sind recht aufwendig.
DOs	**DON'Ts**
• tolle Möglichkeit für erste Videoproduktion mit Lerngruppen • kreativen Spielraum geben/nutzen • Stativ verwenden • Handlungen/Vorgänge/Abläufe	• zu komplexe Vorgänge oder Sachverhalte (hier eignen sich andere Stile einfach besser) • verwackelte „First Take“-Versuche nutzen, lieber neu machen (lassen)
Hard- und Software	**So sieht das dann aus (QR-Code einscannen):**
	• Oder: https://www.youtube.com/watch?v=_RBNiljyOAc (Erklärvideo „Was ist Interpretation?“ von Sebastian Arnold)
iOS/MacOS	Android
• ***Stop Motion*** (kostenlos) oder ***iMotion*** (ca. 5 €) im App-Store	• kostenlose Software wie z. B. ***Stop Motion Studio*** im *Google Play Store*

Fazit: Ein Stop-Motion-Video kann man mit Tablet oder Smartphone leicht erstellen, für gute Ergebnisse ist ein **Stativ** Pflicht. Gute Möglichkeit für einfache How-to-Videos oder kreative Videos, die auch Schüler gern erstellen.

Schwierigkeitsgrad: 3 von 5

V1, V5

WES-122826-001 und 005

5. Whiteboard-Stil (analog) – Vortrag vor der Kamera

i Eine im Fokus stehende Lehrperson erzählt und erklärt Fachinhalte, meist unterstützt von parallel angefertigten Zeichnungen (daher auch **Marker-Stil** genannt) oder vorab herausgesuchten Grafiken. Grundsätzlich kann man so alles erklären, was überhaupt erklärbar ist. **Bsp.:** „Das arithmetische Mittel“ oder „Das Theodizee-Problem“

Vorteile	**Nachteile**
• kommt Unterrichtssituation am nächsten, was für Lehrkräfte und anschauende Schüler vertraut ist • persönliches Verhältnis und Fachautorität gegenüber den eigenen Schülern nutzbar • Auch sehr komplexe Übersichten und Darstellungen sind möglich, außerdem kann die Schreibfläche gereinigt oder gewechselt werden. • viel Varianz und Professionalisierung möglich	• großer Aufwand an Zeit und Material (Stativ, Tablet, Whiteboard/Tafel/Karten, Stifte, Mikrofon, Beleuchtung) • viel Vor- und Nachbereitung • sehr persönlich, Fokus stark auf Erklärendem • kann laienhaft wirken, wenn es nicht gut vorbereitet wurde • zusätzliches Mikrofon erforderlich
DOs	**DON'Ts**
• persönliche Ansprache, authentisch bleiben • professionelles Auftreten (eher Hemd/Bluse als Kapuzenpulli) • Ansteckmikrofon oder gutes Standmikrofon und Beleuchtung besorgen	• Schüler mal eben schnell sich im Unterricht anmelden und selbst produzieren lassen (es braucht schon Konzentration, Ruhe und Einzelarbeit)
Hard- und Software	**So sieht das dann aus:**
 Das Tablet bietet sich hier stark an, da es eine gute Kamera, ein ausreichend großes Display und kostenlose Schnittsoftware liefert. Aber man kann auch mit externer Kamera und PC arbeiten. So oder so braucht man für gute Ergebnisse auch ein gutes Setting: Beleuchtung und Tonabnahme sind wichtig!	 
iOS (iPad)	Android (z. B. Samsung-Tablet)
• einfach mit der Kamera aufnehmen und nachträglich schneiden und bearbeiten über *iMovie* oder *TouchCast*	• Als Videoschnittprogramm empfiehlt sich die kostenlose App *Power Director*, mit der man z. B. auch eigene Songs und Sounds einbinden kann.

Fazit: Mit recht viel Übung, Zeit und Material können so wirklich gut aussehende Erklärvideos entstehen. Der hohe Aufwand macht die Relevanz und Wiederverwendbarkeit der entstehenden Produkte besonders wichtig.

Schwierigkeitsgrad: 3 von 5

6. Green-Screen-Videos – Vortrag vor animiertem Hintergrund

V1, V5

WES-122826-001 und 005

i Eine vor einem *Green Screen* stehende Lehrperson erzählt und erklärt Fachinhalte (wie beim Whiteboard-Stil) und wird nachträglich über das sogenannte *Chroma-Key-Verfahren* in eine digital veränderbare Umgebung gesetzt. Diese kann ein Bild oder auch ein Video sein.
Bsp.: „Wie das Gehirn funktioniert" oder „Wie ein Atom aufgebaut ist"

Vorteile	**Nachteile**
• besonders anschaulich • viel Kreativität möglich: der Erklärende kann z. B. mit nachträglich animierten Personen oder Gegenständen interagieren (so funktioniert die Wetterkarte bei den Nachrichten) • auch sehr komplexe Übersichten und Darstellungen sind möglich	• viel Varianz und Professionalisierung möglich • sehr großer Aufwand an Zeit, Geld und Material (Stativ, Tablet, Green Screen, Beleuchtung, Ansteckmikrofon) • viel Vor- und Nachbereitung
DOs	**DON'Ts**
• Quasi *alles* ist möglich (z. B. Reise durch das Universum oder den Mikrokosmos der Atome). • ausprobieren, *wie viel* man bei einer fixen Länge von zwei Minuten erklären *kann* • „Pädagogen-Lizenz" kostenlos beantragen: Aktuell gibt es erweiterte Angebote für alle Lehrkräfte	• sehr hoher Aufwand und technisches Know-how erforderlich (Green Screen, Halterungen für Tuch, Beleuchtung, Kamera und Ton, gutes Mikrofon, eventuell Kameramann oder zweites Endgerät als Fernbedienung für die Aufnahme)
Hard- und Software	**So sieht das dann aus:**
 Aktuell ist die beste und einfachste Option hier das ***iPad***, da die in der Nachbearbeitung starke ***iOS-App TouchCast*** (aktuell noch) besonders gut geeignet ist.	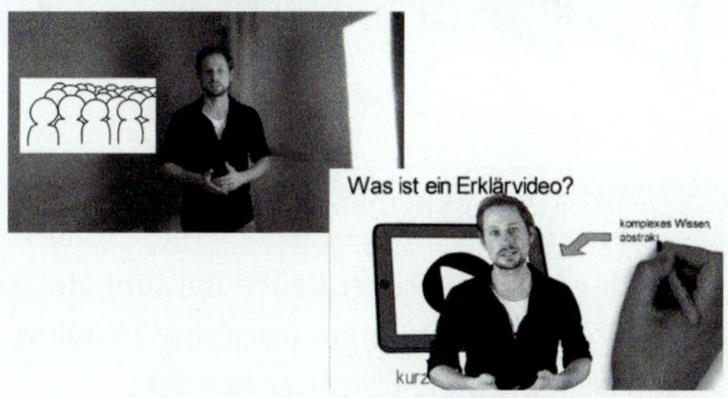
Vorbereitung und Anschaffung	Aufnahme und Nachbearbeitung
• Man sollte ein echtes „Studio" einrichten können, also ein Setting mit min. 3 Lampen, dem grünen Tuch im Hintergrund, einem guten Stand- oder Ansteck-Kondensator-Mikrofon und einem Stativ für das Tablet. Nur so wird die Aufnahme gut.	• Die App *TouchCast* bietet neben einer Plattform für die fertigen Videos vor allem auch wichtige Unterfunktionen wie eben die Green-Screen-Aufnahme oder Spiegeln (z. B. für das Schreiben auf eine Glasplatte bei Augenkontakt mit Kamera). Zu allen Funktionen gibt es Tutorials in der App.

Fazit: Mit sehr viel zeitlichem, finanziellem und medialem Aufwand entstehen beeindruckende Erklärvideos. Der hohe Aufwand macht die Wiederverwendbarkeit besonders wichtig.

Schwierigkeitsgrad: 4 von 5

7. Entpersonalisiertes Whiteboardvideo (digital) – alles bewegt sich

V5

WES-122826-005

i Über eine Software werden Bilder, Grafiken und Text animiert, die Nachvertonung ist möglich, aber nicht notwendig. Eine gute Möglichkeit, z. B. um rechnerische Abläufe oder physikalische Prozesse darzustellen, ohne selbst überhaupt im Fokus zu sein.
Bsp.: „Wie ein Elektromotor funktioniert" oder „Schriftliches Dividieren"

Vorteile	**Nachteile**
• Möglichkeiten sind groß und können dank moderner Software und Tutorials der jeweiligen Anbieter auch vom nicht sehr geübten User schnell genutzt werden. • wenig Materialaufwand	• relativ viel Einarbeitung in die jeweils verwendete App oder Software nötig • Qualität der Ergebnisse wirkt nicht immer professionell genug
DOs	**DON'Ts**
• mit eigenen Skizzen arbeiten • kreativ mit den Möglichkeiten der Animation und Nachvertonung arbeiten (z. B. kann man mit einfachen Kreisen Planeten oder Atome symbolisieren und dies einfach mündlich erklären)	• einfach im Netz gefundene Bilder einfügen (nur lizenzfreie Bilder und Grafiken, z. B. über pixabay.com zu finden) • inhaltliche Fehler (z. B. bei Beschriftung oder Animation) mittels Nachvertonung korrigieren (besser wirklich neu machen)
Hard- und Software	**So sieht das dann aus:**
	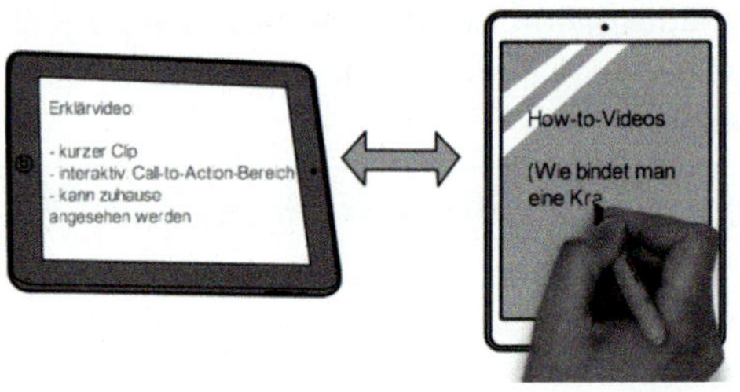
iOS-App *Explain Everything*	Plattform und App *VideoScribe*
• Mit der App lässt sich tatsächlich sehr viel erklären. Hier kann man über eine Timeline und beliebig viele Einzelszenen sehr komplexe Screencasts gestalten. Die Grundeinstellungen und Optionen erinnern eher an Textverarbeitungsprogramme und sind etwas gewöhnungsbedürftig, aber ermöglichen viel.	• Die Videos im Marker-Stil ermöglichen ebenfalls ein ganz ohne Erklärenden auskommendes Erklärformat. Als App auf dem Tablet etwas handlicher, dafür weniger Einstellungsgrößen als bei der Benutzung der browserbasierten Software und Plattform. (Empfehlung: Laptop)

Fazit: Mit etwas Übung entstehen recht anschauliche Erklärvideos, bei denen der Inhalt statt des Erklärenden im Fokus steht.

Schwierigkeitsgrad: 2 von 5 (Videoscribe)/5 von 5 (Explain Everything)

IV. Lernvideos als Lehrkraft erstellen

Ich selbst bin keine Lehrerin und unterrichte entsprechend auch nicht an einer Schule. Meine Videos mache ich für alle, die den Erklärungen in der Schule nicht folgen konnten, nicht mehr wissen, wie etwas funktioniert, oder sich einfach für ein Thema interessieren.

Miriam Müller, *school's' easy*, Interview für dieses Heft, August 2018

Miriam Müller

In den folgenden Praxisteilen geht es um konkrete Hilfestellung, Tipps und Anleitungen, wie man als Lehrerin oder Lehrer und mit Schülern ein Erklärvideo erstellt, einsetzt und nutzt. Der Pragmatik geschuldet, sind auch die Quellen, die hier Eingang gefunden haben, sowie der verwendete Ton ein anderer. So geben wir Ihnen eingangs zunächst **7 Leitsätze an die Hand, die Ihnen beim Einstieg in die Videoproduktion wertvolle Tipps und Anregungen vermitteln**. Diese stellen keine notwendig chronologischen Einzelschritte dar, die Sie zwangsläufig genauso abschreiten müssen. Auf die Leitsätze folgt eine Schritt-für-Schritt-Anleitung (vgl. S. 41 ff.), die Ihnen ebendiese Abfolge an Produktionsschritten liefert.

1. Sieben Leitsätze zum Einstieg in die eigene Videoproduktion

Besonders wichtig ist dabei, die Zielgruppe, die man erreichen will, im Blick zu haben. Egal wie gut ein Video ist, wenn man an der Zielgruppe vorbei „erklärt“, dann wird es nicht angenommen [...].

Die Merkhilfe, Interview für dieses Heft, August 2018

V 6

WES-122826-006

Leitsatz 1: Information vor Produktion, Lehrerprodukt vor Schülerprodukt!

Wenn für Sie selbst die Videoproduktion noch Neuland ist, sollten Sie keinesfalls direkt über die Produktion mit Schülerinnen und Schülern einsteigen. Solange Sie weder den zu betreibenden Aufwand noch die Stolperfallen und Schwierigkeiten einschätzen können, sind Sie auch nicht in der Lage, bei aufkommenden konkreten Fragen zu helfen. Außerdem ist eine realistische Bewertung der Ergebnisse dann kaum möglich, da Sie schlichtweg nicht wissen, was es an der einen oder anderen Stelle erfordert hat, etwas auf bestimmte Weise zu tun.

Stattdessen empfiehlt es sich, zunächst über **eigene Erfahrungen** einen **Zugang zu Lernvideos** und ihren Einsatzmöglichkeiten zu gewinnen. Und da Sie auch keinen Roman verfassen, bevor Sie sehr viele gelesen haben, sollten Sie zunächst einmal im Internet stöbern und nach für Sie nutzbaren oder als Vorlage verwendbaren Videos suchen. Dabei helfen wir Ihnen mit einer Übersicht über YouTube-Kanäle, die Sie auf S. 37 und 38 finden.

Vor allem in den naturwissenschaftlichen Fächern und Mathematik gibt es schon recht viele Lehrerinnen und Lehrer, die das Konzept „Flipped Classroom“ (vgl. S. 71 ff.) anwenden.

Etliche dieser Kollegen haben einfach einen eigenen YouTube-Kanal, den zu finden und zu sichten sich für Sie in doppelter Hinsicht lohnen kann: Vielleicht können Sie manche Videos einfach selbst nutzen oder Sie bekommen Anregungen zu möglichen Visualisierungen und Verdeutlichungen für Ihren eigenen Unterricht oder die eigenen Videos.

Leitsatz 2: Weniger ist mehr – in jeder Hinsicht (Inhalt und Form)!

Gerade wir Lehrerinnen und Lehrer neigen manchmal im Eifer des Gefechts dazu, jeden Themenunterpunkt in einem Vortrag noch genauer erläutern und jedes uns gerade noch geläufige Zitat miteinfließen lassen zu wollen. Aber das zum Verständnis eines bestimmten Sachverhaltes *notwendige* Wissen impliziert mitnichten alles uns vielleicht zusätzlich wissens*wert* Erscheinende. Das gilt insbesondere für die kurzen Erklärvideos. Garr Reynolds, der Autor von „ZEN oder die Kunst des Präsentationsdesigns“, bringt das folgendermaßen auf den Punkt: „Die harte Entscheidung, welche inhaltlichen oder gestalterischen Elemente Sie aufnehmen, erfordert Selbstdisziplin und Willenskraft. [...] Das Genie liegt oft in dem, was Sie weglassen.“ (Reynolds 2010, S. 17). Betreiben Sie also **didaktische Reduktion**, indem Sie **Dinge weglassen**! Machen Sie lieber drei kurze Videos zu einem spezifizierten Themenfeld oder eine Reihe von Videos, die gegenseitig aufeinander abgestimmt sind, als eines, das 15 Minuten lang ist und alles erzählt.

Weniger ist mehr – das gilt übrigens auch für die Form Ihres Videos, denn: „Um die Anforderungen an das Gehirn während der Aufnahme neuer Informationen zu reduzieren, sollte die Aufmerksamkeit der Schülerinnen und Schüler auf bestimmte Reize fokussiert werden“ (Brand/Markowitsch 2009, S. 81). Arbeiten Sie also nicht mit zu vielen Elementen und Stilen, sondern suchen Sie eine einfache Visualisierung in einer für Sie schnell bedienbaren Form.

Leitsatz 3: Seien Sie effizient, nicht perfektionistisch!

Die Form Ihres Videos, die verwendete Hard- und Software, das alles ist wichtig, aber nicht entscheidend und sollte daher lieber einfach gehalten werden. Um noch einmal Garr Reynolds zu zitieren: „Werkzeuge kommen und gehen mit der Entwicklung besserer Werkzeuge. Verbeißen Sie sich stattdessen in Ideen. [...] Es ist ein guter Rat, am Anfang analog zu arbeiten. Die besten Ideen beginnen fast immer mit Bleistift und Papier“ (Reynolds 2010, S. 20).

Als Lehrer sind wir keine Hollywood-Produzenten und unsere Schülerinnen und Schüler sind weder Kunden noch Filmkritiker. Deshalb ist es auch völlig legitim, wenn Sie ein von Ihnen selbst produziertes Video verwenden, obwohl Sie vielleicht mit dem Endgerät, der Tonqualität, der Software oder der kurz verwackelten zweiten Kameraeinstellung nicht ganz zufrieden sind.

Kritisch heißt das außerdem: **Verwenden Sie nicht zu viel Zeit und Energie auf die perfekte Produktion**, sondern denken Sie von hinten her: Was genau sollen Ihre Schüler nach dem Anschauen des Videos Neues erfahren und durchdrungen haben? Welche erworbenen Kompetenzen könnten Sie direkt im Anschluss wodurch vertiefen? Nur so können Sie sicherstellen, dass der pädagogische und didaktische Mehrwert Ihres Videos seine mehr oder weniger gelungene äußere Form in jedem Fall überwiegt.

Falls Sie es aber außerdem schaffen, eine ansprechende Form zu finden, ist das nicht nur legitim, sondern sogar motivierend, da unsere Schülerinnen und Schüler durchaus erfahrene Videoschauende sind und das zu schätzen wissen.

Leitsatz 4: Sehen Sie das Problem mit den fragenden Augen des Anfängers!

Erinnern Sie sich noch an den Punkt, an dem Sie etwas nicht gewusst haben und wie die Welt Ihnen damals erschien? Wahrscheinlich nicht, aber der Versuch, diese Perspektive einzunehmen, kann sich lohnen! Auch wenn Sie als Fachlehrerin oder Fachlehrer natürlich Experte auf Ihrem Gebiet sind, sollten Sie einen Schritt zurücktreten und Ihr vorzustellendes **Thema als Neuling** (und somit aus der Sicht Ihrer Zöglinge) **begutachten**. Stellen Sie sich Fragen, wie Sie das Thema auf das Wesentliche herunterbrechen könnten: Was könnte schwer zu verstehen sein? Wie kann ich schwer Verständliches veranschaulichen, um es besser verständlich zu machen? Was muss ich wiederholen, welche Begriffe kann ich voraussetzen? Welche Möglichkeiten bietet vielleicht einfaches Storytelling?

Leitsatz 5: Erklären ist gut, erzählen ist besser!

In Ihrem Video möchten Sie den Schülerinnen und Schülern ein Thema näherbringen, indem Sie dieses erklären. Aber Sie können auch gezielt Erzählelemente verwenden. Storytelling meint das Einbetten in eine kleine Geschichte im Stil von „Das ist Timmy. Er möchte heute …". Durch einen mit den Schülern altersähnlichen Protagonisten, der in seinem Alltag ein fachliches Problem vorfindet, können Sie Themen erfahrbar und Lösungen verständlich machen. Indem man einen Sachgegenstand durch **Storytelling** zugänglich macht, erhöht man den Merkwert und die Anschlussfähigkeit für die Schülerinnen und Schüler. Geschichten berühren uns persönlich, da wir durch **Identifikation mit Handlungsträgern** Empathie bekommen. Je menschlicher der Sachgegenstand, desto anschlussfähiger: „Inhalte, bei denen die Schüler einen persönlichen Bezug, ein eigenes Interesse oder eine Alltagsrelevanz erkennen können, werden tiefer verarbeitet als allgemeine Inhalte und solche ohne subjektive Bedeutung" (Brand/Markowitsch 2009, S. 82–83).

Wenn Sie einmal lesen, wie Harari seine Leserinnen und Leser beeindruckend durch „Die kurze Geschichte der Menschheit" führt, werden Sie feststellen, dass er häufiger erzählt statt erklärt. Selbiges gilt auch für Ernst Gombrichs „Geschichte der Kunst", die teilweise daran erinnert, als würde ein Großvater seinem Enkel eine merkenswerte Einschlafgeschichte vorlesen. Durch Analogien, Vergleiche, große Empathie und Verständnis für die Unwissenheit des Lesers, direkte Adressierung, Bezügen zur Alltagswirklichkeit und anschauliche Zusammenfassung gelingt es solchen Autoren, Erzählen und Erklären zu verbinden, um einen eigentlich wissenschaftlichen Gegenstand einer breiten Bevölkerung zugänglich zu machen. Dieses Ideal der Vermittlung kann auch beim Machen eines guten Erklärvideos hilfreich sein. Lehre hat immer etwas Populärwissenschaftliches.

Leitsatz 6: Vereinfachen Sie so weit wie möglich – aber nicht weiter!

Albert Einstein wird in der Regel folgendes Zitat zugeschrieben: „Man sollte alles so einfach wie möglich machen, aber nicht einfacher" (vgl. Rede des Bundespräsidenten Rau vom 04. März 2004). **Einfachheit** muss gerade beim Erklären unser **Ziel** sein, der **Komplexität** mancher Gedanken und Probleme muss dabei aber dennoch **Rechnung** getragen werden. In diesem Spannungsfeld bewegen Sie sich gerade bei Erklärvideos, da hier in sehr kurzer Zeit oft sehr komplexe und gerade für junge Menschen schwer zu erfassende Themen verständlich (und im Idealfall noch unterhaltsam) dargelegt werden sollen, ohne dass zentrale Punkte unterschlagen oder falsch dargestellt werden dürfen.

Ludwig Wittgenstein macht es in seinem *Tractatus logico-philosophicus* noch deutlicher: „Was sich überhaupt sagen lässt, lässt sich klar sagen; und wovon man nicht reden kann, darüber muss man schweigen" (Wittgenstein 2003, S. 7). Dies könnte für unser Themenfeld Lernvideos bedeuten: Wenn Ihnen nach Recherche und weiteren methodischen Überlegungen auffällt, dass Ihr gewähltes Thema nicht überzeugend in einen dreiminütigen Rahmen zu pressen ist, sondern doch eher eines längeren Unterrichtsgesprächs und beispielsweise einer Verdeutlichung durch einen praktischen Versuch bedarf, dann entscheiden Sie sich lieber gegen das Format Video, anstatt nach viel Aufwand am Ende ein Ergebnis zu erhalten, das Ihren Ansprüchen nicht genügt. **Vereinfachen Sie also nur, was sich auch vereinfachen lässt!**

V3

WES-122826-003

2. Wann es sich als Lehrkraft besonders lohnt, ein Erklärvideo zu machen

... und Leitsatz 7: Die Videoproduktion muss sich lohnen (Formel)

Für die zentrale Frage, ob sich Ihr Stoff bzw. Ihr Thema überhaupt für eine Videoproduktion eignet, sind nachfolgende Kriterien im Sinne einer Formel gedacht, mit der man die konkreten Bedingungen Ihres Unterrichtsthemas überprüfen kann. Die Herstellung eines Erklärvideos lohnt sich besonders, wenn ...

- grundlegendes und unveränderliches Wissen, das schulisch über einen längeren Zeitraum relevant bleibt, vermittelt werden soll.
- der fachliche Gegenstand wiederholt bzw. immer wieder mitgeteilt werden muss.
- der ausgewählte Lernstoff von den medialen Möglichkeiten des Videos (z. B. Veranschaulichung) profitiert (z. B. aufgrund seines hohen Abstraktionsgrades).

Ein Thema muss natürlich nicht alle Kriterien erfüllen, aber diese sind ein Indiz dafür, ob Sie Ihr Video und den damit verbundenen Aufwand auch ertragreich gestalten.

3. Oder eben anders – Videos nicht machen, sondern einsetzen

Stellen Sie gerade fest, dass Ihr Thema sich nicht für ein Erklärvideo eignet? Dann haben Sie drei Möglichkeiten: 1. Sie machen trotzdem ein Video, 2. Sie lassen es bleiben oder 3. – was vielleicht manchmal aus dem zweiten Punkt folgt – Sie suchen nach bestehenden Videos zu diesem Thema. Man muss nicht jedes Video selbst machen, aber welches nutzt man dann?

Käufliche Lizenzen – teuer, aber hochwertig

Bestehende Online-Angebote der Verlage (wie z. B. Duden Learn Attack oder Sofa Tutor) verfügen bereits über ausdifferenzierte Lernplattformen, auf denen mittels Lizenzerwerb für eine monatliche oder jährliche Gebühr in vielen Fächern mit Erklärvideos gelernt werden kann. Es werden auch ergänzende Übungen und Tests angeboten, sodass ein fast autonomes Lernen möglich wird, dessen Bedingungen unter didaktischen und lernpsychologischen Gesichtspunkten aber – zumindest so viel sei dazu angemerkt – alles andere als ideal sind.

Die Lizenz kann sowohl von Schülern, Lehrern oder Schulen erworben werden, um die Videos im Unterricht einsetzen zu können. Doch die Angebote sind in der Regel teuer, das wollen wir nicht beschönigen.

OER (Open Educational Resources) – kostenlos, nur manchmal hochwertig

Eine Alternative stellen die kostenlosen Bildungsmaterialien dar, die sogenannten OER. In der Strategie der KMK zur „Bildung in der digitalen Welt" heißt es hierzu vergleichsweise optimistisch: „Die Verbreitung von Lehrmaterialien, die aufgrund offener Lizenzen einmal erstellt werden und dann frei verfügbar und benutzbar sind (z. B. interaktive Übungen, Videos, Simulationen) ist bereits sehr groß. Während MOOCs (Massive Open Online Courses) in der Regel inhaltlich geschlossene Angebote darstellen, können OER flexibel in die Lehre eingebettet werden, z. B. bei Brückenkursen oder Erstsemestervorlesungen. Entwicklung und Einsatz sind vielfach noch von einer Rechtsunsicherheit behaftet" (KMK 2016, S. 47). Beispiele für diese sogenannten OER finden sich auf YouTube oder in Mediatheken der Öffentlich-Rechtlichen – die wiederum mit *musste.wissen* eigene Wissens- und Bildungskanäle zu verschiedenen Fachrichtungen online gestellt haben.

Diese YouTube-Materialien sind kostenfrei und manchmal gut. Sie sind aber allenfalls eine Ergänzung und bieten keinen systematischen oder verlässlichen Rahmen, der bei jedem Thema ein adäquates und ausdifferenziertes Niveau bietet. Hinzu kommt, dass die Qualität der YouTube-Videos ausgesprochen unterschiedlich ist, sodass YouTube zwar als Vorreiter für die Form des Lehrvideos gelten mag, hier aber sicherlich derzeit keine Qualitätsstandards für Schule oder Hochschule liefert.

Es lässt sich aber feststellen, dass in den letzten beiden Jahren vermehrt Lehrerinnen und Lehrer als Produzenten solcher OERs aktiv wurden und frei verfügbare Videos einstellten. Sollte sich diese Tendenz verbreiten, wird YouTube vielleicht sogar eine eigene Bildungssparte schaffen. Auf den folgenden beiden Seiten stellen wir Ihnen einige OER-Kanäle vor.

4. Übersicht über einige Lernvideo-Kanäle auf YouTube

Die folgenden Kanäle können Ihnen einen Eindruck geben, was möglich ist und wie andere vorgehen. Wir möchten hier keine Empfehlungen aussprechen oder Werbung machen für einzelne Anbieter, daher nennen wir einerseits die bekanntesten und meistgeklickten in den Hauptfächern, wie sie die Suche über Google oder YouTube liefert. Für eine entsprechende Vielfalt an Stilen, Inhalten und Fächern ergänzen wir andererseits kleinere Kanäle.

Kanal	**Fächer und Inhalte**	**Stil und Besonderheiten**
100 Sekunden Physik	Physik	handgezeichnete Animationen
Arnold erklärt	• Deutsch und Kunst, von Zeichenanleitungen bis Abituraufgabenhilfen • Diktate zum Selberüben	Mischformen: digitale Legevideos, personale Videos und selbst gezeichnete Stop-Motion-Clips
Die Merkhilfe	Alle Haupt- und viele Nebenfächer	Screencast von Präsentationen, Mischformen
Dinge erklärt – kurzgesagt	Allgemeinwissen, Menschheitsgeschichte, Anthropologie und Gesellschaft, viele Fächer	aufwendige Animatics und professionelle Visualisierungen, besonders gut recherchiert
Explainity	viele Fächer und aktuelle Themen aus Politik und Gesellschaft	jeden Monat neue digitale Legevideos
Flip the classroom	Mathematik: zwei Lehrer (Felix Fähnrich und Carsten Thein), die auf kariertem Hintergrund Aufgaben der Algebra und Geometrie kleinschrittig erläutern und lösen	Screencast mit Bild-im-Bild für personaleren Stil; reale Unterrichtsumsetzung von „Flipped Classroom"

Kanal	Fächer und Inhalte	Stil und Besonderheiten
Ivi Education	Deutsch, Biologie, Chemie, Physik; eingebettet in Unterrichtskonzept „i.v.i. education“	mit *Videoscribe* produzierte digitale Whiteboard-Animation
Logical Lemon	Pädagogik, Lernpsychologie, Rhetorik, Alltagswissen	mit *Videoscribe* produzierte digitale Whiteboard-Animation
Mathe by Daniel Jung	Mathematik	ganz einfacher, personaler, analoger Whiteboard-Stil
MrWissen2go	tagesaktuelles Geschehen, Geschichte, Politik, Gesellschaft, Alltagsprobleme und Allgemeinwissen	VLOGS, meist personale Präsentation, teils unterstützt durch Text und Grafik (Green Screen)
Musstewissen (Kanal der öffentlich-rechtlichen Sender)	alle Hauptfächer (aber auch Geschichte, Chemie); Beispiele Deutsch: Kommaregeln, Gedichtanalyse	personale Präsentation mit Green-Screen-Elementen; häufig auch Text- und Grafik-Elemente
Müllertrifft schmidt	Zwei Lehrer erklären schnell und anschaulich, wie man mit Schülerinnen und Schülern einfache Videos produzieren kann.	Unter dem Motto „quickandnice“ präsentieren die beiden den „Nimm die erste Idee und den ersten Take!“-Stil
Redefabrik – Kommunikation & Charisma	Analyse von politischen Reden und TV-Auftritten, angewandte Rhetorik, Außenwirkung und Persönlichkeit in kommunikativen Kontexten	meist personaler Stil mit eingeblendeten Sequenzen, die analysiert werden
School's' easy	Häufige Alltagsprobleme von Schülern, verschiedene Themen im Kontext Bildung und Schule	VLOGs und Erklärvideos; alltagsnahne, knappe Darstellungen durch Miriam Müller
Sebastian Schmitt	Mathematik	meist personaler Stil, Mischformen
Sprouts	Englischsprachiger Kanal, der Lerntheorien, Schulstudien und Lerntipps gibt	aufwendig animierte, digitale Handzeichnungen
SRF Kultur Filosofix	Ethik, Philosophie, Erörterung	Stop-Motion-Animationen
The Simple-Club	alle abiturrelevanten Fächer, stark vertreten in Naturwissenschaften und Mathematik	Der Ton macht die Musik: Screencast von Prezi-Präsentationen, absichtlich flapsig, flott und jugendsprachlich

5. Übersichten für die Videoproduktion – Begriffe, Funktionen, Apps und Internetseiten

Nachfolgend finden Sie einige der kostenlosen oder sehr günstigen Apps und Programme, die Sie für die Videoproduktion und Nachbearbeitung verwenden können:

Häufigste Betriebssysteme: iOS/MacOS, Android, Windows

I. Videos erstellen, schneiden und nachbearbeiten		
Name	**Kurzbeschreibung**	**Verfügbar für ...**
Clips	praktisch für **sehr kleine Clips**, „Live-Text“ macht direkt beim Voice-Overlay Text aus der Stimme, Emojis oder Filter können eingefügt werden	iOS/MacOS
GoPro Quik	ganz einfache **kleine Clips** erstellen aus Bildern und Videos	iOS/MacOS, Android, Windows
iMovie	sehr **intuitive Videobearbeitung** mit vielfältigen Möglichkeiten (Filter, Toneffekte und Musik), bietet zudem „Trailer-Funktion“ für schnelle Kurzvideos, mit Update 6/2019 sind nun sogar direkt Greenscreen-Aufnahmen möglich	iOS/MacOS
Movie Maker	klassische Windows-Software mit recht vielen Möglichkeiten in **Schnitt und Nachbearbeitung**	Windows
Power Director	intuitive **Videobearbeitung**, Androids beste kostenlose Alternative zu *iMovie*	Android
ShotCut	einfache Open Source-Software für **Videoschnitt**; liest und verarbeitet fast alle gängigen Dateiformate; ermöglicht direkt aus dem Programm heraus Streaming der Endprodukte im Netzwerk	Windows
TouchCast Studio	Verknüpfung von **Videoschnitt**, digitaler Nachbearbeitung (z. B. *Green Screen*) und **Streaming-Plattform**	iOS/MacOS
II. Besondere Videostile		
Name	**Kurzbeschreibung**	**Verfügbar für ...**
AZ Recorder	**Screencasts** auf dem Android-Handy oder Tablet ganz leicht erstellen	Android
Explain Everything	komplett **digitale Whiteboard-Videos** und **Screencasts** erstellen; sehr umfangreiche Möglichkeiten, Zeit und Übung erforderlich	iOS/MacOS, Android, Windows

Häufigste Betriebssysteme: iOS/MacOS, Android, Windows

II. Besondere Videostile		
Name	**Kurzbeschreibung**	**Verfügbar für ...**
Green Screen by Do Ink	sehr leicht **Green-Screen-Videos** erstellen und nachbearbeiten	iOS/MacOS
OBS Studio	„Open Broadcaster Studio“ ist Open-Source-Software und liefert neben **Screencasts** auch die Möglichkeit von Live-Streams sowie umfangreiche Layout-Möglichkeiten.	iOS/MacOS, Windows
Puppet Pals	**digitale „Puppen“** vor wechselbaren Hintergründen bewegen und miteinander agieren sowie per Nachvertonung sprechen lassen	iOS/MacOS, auf Android „abgespeckte“ Version
StopMotion Studio	ganz leicht Analoges mit Digitalem verbinden und Zeichnungen oder Gegenstände in Bewegung bringen als **Stop-Motion-Video**	iOS/MacOS, Android, Windows
Videoscribe (Anywhere)	umfangreiche **digitale Whiteboard-Videos** gestalten und nachvertonen; die App-Variante der Plattform gibt es nur für iOS	Android, Windows (Laptop) iOS (Tablet und Laptop)
III. Plattformunabhängige Software auf Internetseiten		
Name	**Kurzbeschreibung**	**Verfügbarkeit**
Handbrake.fr	**Transkodierung und Kompression von Videodateien** (z. B. für Größenreduzierung vor dem Upload auf Streaming-Portalen wie YouTube)	kostenlose Open-Source-Software
mysimpleshow.com	professionell wirkende, **digitale Explainity-Clips** machen, die nach der vom Text ausgehenden Produktion auf eigener Plattform hochgeladen und von jedem gestreamt werden können	kostenloser Zugang nach Anmeldung, Lehrerrabatte für Bezahlvarianten mit mehr Möglichkeiten
Powtoon.com	**komplexe animierte Videos** erstellen, die stark mit **Story-Telling** arbeiten; viel Zeit und Übung erforderlich	kostenloser Zugang nach Anmeldung, Bezahlvarianten mit mehr Möglichkeiten
Videoscribe.co *(nicht *.com!)*	**digitale Whiteboard-Videos** erstellen und nachvertonen, auf der Plattform deutlich mehr Möglichkeiten als in der App *Videoscribe Anywhere*	kostenloser Zugang nach Anmeldung, Lehrerrabatte für Bezahlvarianten mit mehr Möglichkeiten

6. Schritt-für-Schritt-Anleitung für den Einsatz und die Produktion von Erklärvideos von der Lehrkraft

V7+11

WES-122826-007 und 011

Am Anfang steht die Planung der Videoinhalte. Hierzu vergleichen wir unterschiedliche Quellen und legen dann Schwerpunkte für das Erklärvideo fest. Das Thema inkl. der Schwerpunktsetzung erhält ein Autor, der für uns ein Skript schreibt. Dieses wird danach an unseren „Stil“ angepasst. Ein Designer unseres Teams setzt das fertige Skript visuell um. In der Regel gibt es in diesem Schritt verschiedene didaktische und inhaltliche Korrekturabschnitte. Parallel wird das Video vertont und anschließend die Animation an die Vertonung angepasst. Zuletzt erfolgt nochmals ein „Korrektursehen“ und die Planung für den Upload des Videos.

die Merkhilfe, Interview für dieses Heft, August 2018

Die nun folgende Anleitung versteht sich als Leitfaden zum Finden oder Produzieren von immer wieder nutzbaren Lernvideos. Der erste vierschrittige Block „Vorbereitung“ hilft **Anfängern** ohne Vorerfahrung schnell zu entscheiden, ob und weshalb sich die eigene Videoproduktion im konkreten Fall lohnt und was genau Inhalt und Stil ihres Videos sein wird. Wenn Ihnen das bereits klar ist, können Sie direkt mit den vier Schritten „Produktion“ einsteigen. **Besonders intensiv** und kleinschrittig wird hier in Schritt 8 dargestellt, wie man ein **analoges Legevideo** (sog. „Explainity-Clip“) produziert. Schritt 7 stellt im eigentlichen Sinne keinen eigenen Schritt dar, sondern legt die digitale Produktionsvariante dar.
In den letzten vier Schritten geht es dann um Fragen der Legalität und Praxis bei der endgültigen Postproduktion und Verfügbarmachung Ihrer eigenen Videos. Natürlich ist beispielsweise der Datenschutz eigentlich schon bei der Vorbereitung und Durchführung wichtig; da jedoch die zentralen praktischen Fragen oft eher bei der Überarbeitung des Produktes auftauchen und Sie am Ende sicher sein müssen, alles Wichtige beachtet zu haben, ist dieses Kapitel hier relativ spät verortet.

Vorbereitung – die richtigen Fragen stellen	**Produktion – wichtige Sachen richtig machen**	**Nachbereitung – Form und Einsatz anpassen**
1. Vorüberlegungen	5. Aufbau	9. Nachvertonung und Schnitt
2. Einsatz/fertige Produkte prüfen	6. Drehbuch entwickeln	10. Datenschutz, Urheberrecht
3. Mehrwert und Art eigener Videoproduktion	7. Produktion: digitale Varianten	11. Format und Plattformen
4. Stilentscheidung hinsichtlich Aufwand und Lehrperson	8. Produktionsschritte: analoger Legetrick	12. Einsatz des Videos

Vorbereitung – die richtigen Fragen stellen

Schritt 1: Vorüberlegungen anstellen und systematisch reduzieren

Leitfragen

Was genau ist der zu vermittelnde **Inhalt**? Lässt sich das Zentrale auf **wenige Bilder** und Begriffe herunterbrechen?

Je genauer Sie Ihr Thema eingrenzen, desto klarer wird Ihnen selbst, was Ihre Schülerinnen und Schüler wirklich Neues erfahren und verstehen müssen. Außerdem leisten Sie so schon die **didaktische Reduktion** auf das Wesentliche, die Sie für die Unterrichtsvorbereitung ohnehin brauchen werden. Das heißt, dass Sie von dem Gedanken „*Wie* könnte ich das Thema in einem kurzen Video darstellen?“ auch dann profitieren, wenn Sie sich letztendlich im konkreten Fall gegen das Format Erklärvideo entscheiden. In jedem Fall lohnt sich eingangs möglichst präzises **Notieren der Problemstellung und der Schlüsselbegriffe**.

Schritt 2: Zweck des einzusetzenden Videos festlegen und Prüfen von fertigen Produkten

Leitfragen

Wo und **wie** wollen Sie ein **Video einsetzen**? Eignet sich ein bestehendes Video oder ist die Eigenproduktion sinnvoll?

Der geplante Einsatz (z. B. Stationenlernen, Stundeneinstieg, Hausaufgabe) kann Einfluss haben auf die ***Länge***, ein Mindestmaß an geforderter ***Tonqualität*** oder die Frage, ob das Video völlig **für sich stehen können muss** oder Sie nachträglich Ergänzungen, Richtigstellungen oder weiterführende Fragen liefern können.
Vielleicht stellen Sie aber über den Einsatz und Unterrichtszweck fest, dass Sie kein eigenes Video benötigen, sondern ein bestehendes nutzen können. Sichten Sie also zunächst einmal den Bestand an frei verfügbaren Videos. Natürlich finden Sie auf der mit Abstand größten Videoplattform *YouTube* auch häufig die meisten Erklärvideos. Damit Sie sich schnell zurechtfinden, sollten Sie daher einige Kanäle kennen und vielleicht sogar abonnieren (siehe Übersicht auf S. 37 – 38). Falls Sie nun von der eigenen Videoproduktion absehen wollen, müssen Sie Folgendes berücksichtigen: Die bestehenden Anbieter arbeiten fast ausschließlich im Streaming-Format. Das bedeutet, Sie können Materialien oder Filme online verwenden, aber nicht (legal) herunterladen. Für den praktischen Einsatz im Unterricht heißt das, dass Sie neben Rechner und Beamer auch eine **stabile Internetverbindung** brauchen.

Schritt 3: Mehrwert und Art *eigener* Videoproduktion

Leitfragen

Was genau **gefällt** Ihnen **an** den **gefundenen Videos noch *nicht***, was würden Sie sich anders oder besser wünschen? Eignet sich der verwendete Stil oder probieren Sie etwas anderes? Handelt es sich um ein **Thema**, das Sie **immer wieder** unterrichten?

Häufig werden Sie **Videos finden**, die vielleicht mit aufwendigen Animationen arbeiten, Ihnen aber an mancher Stelle **inhaltlich zu ungenau oder** gar **fehlerhaft** erscheinen. Das kann daran liegen, dass tatsächlich Fehler gemacht wurden, etwa weil die Produzenten keine studierten Mathematiker, sondern gelernte Grafiker oder Dienstleister der Plattform sind. Oder es kann daran liegen, dass der Kollege, der das Video produziert hat, einen anderen Schwerpunkt gelegt hat oder eine andere Ansicht vertritt als Sie. Aber auch in dem Fall, dass es konkrete Kritikpunkte gibt, hilft Ihnen das für die eigene Weiterarbeit: Manche der Bilder können Sie vielleicht trotzdem übernehmen, die gemachten **Fehler** können Sie entweder mit Schülern nach dem Ansehen **thematisieren oder** gezielt beim eigenen Video **vermeiden**. (Sicherlich eignen sich fehlerhafte Videos aber nicht für eine erste Wissensaufnahme, sondern eher, wenn das erworbene Wissen überprüft werden soll.) Wenn Ihnen der zu trockene Stil oder umgekehrt der zu flapsige Ton nicht gefallen, dann ändern Sie genau das und versuchen Sie, dieses Element **nach Ihren Vorstellungen zu verbessern**.

Angenommen, Sie haben ein animiertes Legetechnik-Video gefunden, das überzeugende und anschauliche Erklärungen geliefert hat. Aber die Geschwindigkeit, die hektische Musik und das dauernde Herein- und Herausfliegen war für Sie als Zuschauerin/Zuschauer anstrengend und eher ablenkend. Dann könnte es sich anbieten, dass Sie als erste Eigenproduktion ein niederschwelliges analoges Legevideo produzieren. Hier verwenden Sie vielleicht nur ganz einfache, eigene schnelle Skizzen (oder unsere Materialien zum Thema „Verhaltensregeln im Klassenzimmer“ im Anhang) und bemühen sich, nicht häufiger Karten zu bewegen und nicht mehr zu verwenden als unbedingt nötig.

Schritt 4: Stilentscheidungen hinsichtlich Aufwand und ehrlicher Selbsteinschätzung

Leitfragen

Wie viel Zeit und **Aufwand** können oder wollen Sie betreiben und wie viel Vorwissen zur Videoproduktion haben Sie? Stehen Sie *gern* im Fokus und wollen Sie selbst vor die Kamera (z. B. weil Sie den persönlichen Bezug und die Fachautorität schätzen)?

Die Formen und Stile von Erklärvideos korrespondieren mit bestimmten Persönlichkeitstypen: Sich selbst zu filmen, bedeutet auch, dass es einem nichts ausmacht, im Rampenlicht zu stehen, wohingegen eine komplexere Animation vielleicht Ihre Technikaffinität zutage fördert.

Nach einigen ersten Versuchen kann es durchaus lohnen, sich einmal an *Green-Screen-Videos* heranzutrauen und so z. B. direkt zwischen den Atomen oder historischen Schauplätzen oder grammatischen Phänomenen herumzulaufen, die Sie gerade erläutern. Aber über ein solches Mammutprojekt sollten Sie nicht einsteigen. Digitale Legetrick- genau wie Whiteboard-Videos (z. B. *Videoscribe* oder *mysimpleshow*) lassen sich dagegen ohne großen Zeitaufwand und ohne notwendige Anschaffungen erstellen (s. Kapitel III: Stile und Formen des Erklärvideos, S. 24 ff.), Sie müssen lediglich online einen Account erstellen und den einfachen Tutorials auf der Website folgen.

Ein analoger Legetrick ist sogar noch simpler und eignet sich ebenfalls gut für den Einstieg in die eigene Videoproduktion von Anfängern, die weniger technikaffin sind – zumal das entpersonalisierte Format auch für fast jeden Lehrertyp gut geeignet erscheint. Hier werden Sie gleich verstehen lernen, wie Erklärvideos überhaupt funktionieren.

V4

WES-122826-004

Produktion – Wichtige Sachen richtig machen

Schritt 5: Den richtigen *Aufbau* finden

Nach den ersten vier Schritten sollte sich jetzt für Sie herauskristallisieren, ob Ihr Video eher den notwendigen Rahmen einer analogen Produktion (also mit Kärtchen oder Whiteboard und Stiften) oder einer voll digitalen Produktion brauchen wird. Unabhängig von Stil- und Formfragen folgen *gute* Erklärvideos einem bestimmten Muster. In **Anlehnung an** den uns Lehrerinnen und Lehrern vertrauten ***Aufbau einer Unterrichtsstunde*** können diese „**Mikro-Phasen der Erklärvideos**“ auch ähnliche Namen erhalten und der bekannten Struktur weitgehend folgen:

Den Phasen entsprechen im Prinzip auch mindestens ca. 8 – 10 Schnitte beziehungsweise Szenen. Daher bietet es sich an, dass Sie jetzt zunächst auch ein knappes *Storyboard* (siehe Arbeitsblatt 2, S. 86) für Ihr Video erstellen, das etwa 8 – 10 Felder enthält. Dabei merken Sie vielleicht auch, ob das eingangs von Ihnen gewählte Format (Legevideo oder doch lieber Whiteboard-Stil?) sich wirklich gut eignet oder nicht.

Aufbau eines guten Erklärvideos

Phase	Inhalt	Besonderheiten
1. Einstieg	**Begrüßung** und thematische **Hinführung**	Mindestens bei allen personalen Stilen sind SIE die Eröffnung – und legen schon hier fest, wie zielgruppenorientiert Ihr Video sein wird: Wie treten Sie auf? Präsentieren Sie eher ganz sachlich oder auch mit einer Prise Humor?
2. Problemeröffnung	Vorstellung des Themas bzw. der ***Leitfrage*** Ihres Videos	Mindestens der zentrale Begriff oder gar eine Frage als Satz sollte auch als *Text* auftauchen.
3. Problementfaltung	Möglichst anschaulich und prägnant werden alle **relevanten Begriffe** und **Zusammenhänge** eingeführt und bei Bedarf knapp erläutert. *Optional:* eingangs absichtliche Irritation/Advocatus Diaboli/ausführliche Problembeschreibung	Je nachdem, wie abstrakt Ihr Thema ist und ob ein Bezug zur Lebenswirklichkeit der SuS notwendig und möglich ist, brauchen Sie jetzt Kreativität bei der Veranschaulichung. Hier kann in vielen Kontexten und Stilen *Storytelling* hilfreich sein: „Das ist Max. Er möchte …“
4. Problembearbeitung	Verschiedene **Konstellationen** und **Handlungsoptionen** werden vorgestellt. Oder: Mögliche **Lösungswege zu einer Problemstellung** werden skizziert.	Je abstrakter das Problem, desto konkreter das benötigte Bild. Weniger ist mehr: Sie sollten sich auf *wenige* Begriffe, Bilder und Animationen beschränken.

Phase	Inhalt	Besonderheiten
(„Call to Action" 1: Zwischenfrage, Rezeptionsverzögerung)	„Wie könnte das gelingen?" Oder: „Hast DU eine Idee? Dann stoppe hier kurz das Video und …"	Ein Erklärvideo soll nicht berieselnd, sondern erhellend sein. Daher bietet sich ein vorangestellter Beobachtungsauftrag oder dazwischengeschobener Arbeitsauftrag an, der zu aktivem Sehen führt und passive Rezeption verhindert.
5. Wissen und Regeln	Sie verweisen auf **Kontext- und Vorwissen** und führen *neue* **Regeln** ein.	Regeln und zentrale Begriffe sollten hier auch als Text erscheinen, da sich dieser eher einprägt und für die Weiterarbeit meist gebraucht wird.
6. Lösung	Sie stellen ein „**Idealergebnis**" beziehungsweise den richtigen **Lösungsweg** zum eingangs eröffneten Problem dar. Oder: Die vorgestellten Inhalte werden übersichtlich dargestellt und erläutert.	Je nach Fach, Thema und Lehrerpersönlichkeit eignet sich ein erkennbar eigenes Produkt (Kunst, Deutsch) oder eine möglichst übersichtliche Darstellung (Mathe, Chemie).
7. Zusammenfassung	knappe **Wiederholung** der Einzelprobleme und -schritte, prägnanter **Schluss**	Je nach Fach und Zielgruppe kann Ihr Video enden mit „Max freut sich, denn er kann jetzt…" oder „Wir haben also gelernt …" oder „Die zentrale Formel für XY lautet damit …".
(„Call to Action" 2: Weiterarbeit/ Aufgabenstellung)	Möglichkeiten der Vertiefung oder des Transfers	Sie können ganz konkret einen Arbeitsauftrag oder die Weiterarbeit z. B. anhand des verwendeten Fachbuches einfordern. Für die Wiederverwendbarkeit des Videos sind jedoch möglichst allgemeine Aussagen besser.

Schritt 6: Storyboard oder Drehbuch entwickeln

Hinter jedem Film steckt zunächst ein möglichst **konkretes Konzept**, das als Grundlage für die Verwirklichung beim Drehen oder Produzieren dient und gestalterische Elemente schon vorab bedenkt. Im Unterschied zum textlastigen Drehbuch kommt ein **kurzes Storyboard mit Zeichnungen** und **Schlüsselbegriffen** aus. Beim Storyboard kommt es nicht stark auf die Qualität der Zeichnungen an, es dient aber Ihrer eigenen gedanklichen Struktur und sollte zentrale Informationen zu Inhalt und Darstellung der jeweiligen Sequenz enthalten. Und je genauer Sie auch hier schon auf Einstellungsgrößen etc. achten, desto hilfreicher wird es später für die eigentliche Produktion des Videos sein. Als Anregung für tolle Stoyboards können Internetseiten wie diese dienen, wo echte Storyboards zu berühmten Filmszenen in Auszügen zu finden sind:

http://screencrush.com/movie-storyboards/
https://www.YouTube.com/watch?v=vm8rhgpLM2I
https://www.YouTube.com/watch?v=B4ekzThzjj0&t=5s&frags=pl%2Cwn

Wenn Sie später mit **eigenen Zeichnungen** oder fertigen sog. ***Scribbles* einer Software** arbeiten, genügt es im Storyboard häufig, den später verbildlichten Begriff einfach als Wort zu verwenden. Wenn Sie aber mit komplexer werdenden Schaubildern arbeiten möchten, weil Ihr Thema es erfordert, sollten Sie diese im Storyboard oder auf einem zusätzlichen Blatt entwerfen. Nur so bekommen Sie ein Gefühl dafür, wie viel überhaupt wirklich auf eine Seite geht und noch darstellbar ist, wann die Übersichtlichkeit leidet und so weiter. Es empfiehlt sich auch hier, **von hinten her** zu denken: Entwerfen Sie zunächst Ihr **komplettes „Schlussbild"**, also das komplexeste (und je nach Thema vielleicht erst als Abschluss vollständige) Schaubild. Dann können Sie überlegen, in welchen **Zwischenschritten** Sie es entstehen lassen und wie groß die jeweiligen Info-Blöcke oder Textbausteine sein können. Ausgehend von diesem größten Produkt finden Sie zum richtigen Verhältnis von Kameraeinstellungen, Größe von Text und Grafiken, Länge und Komplexität der Einzelszenen.

V5
WES-122826-005

Schritt 7: Videoproduktion digital – Legetrick und Whiteboard

Aufgrund der Vielzahl an Stilen können wir Ihnen hier nicht jede Einzelproduktion schrittweise darstellen. Beim digitalen Legetrick und Whiteboard-Stil ist die eigentliche Produktion kein Filmen mit Tablet und Stativ, sondern die Arbeit in einer das Filmen simulierenden Software. Hier stellen wir Ihnen die digitale Videoproduktion in ihren grundsätzlichen Anforderungen kurz dar:

Wenn Sie ein ***digitales Legevideo*** erstellen möchten, genügt ein PC oder Mac, Sie brauchen noch nicht einmal eine zusätzliche Software zu installieren. Stattdessen genügt ein kostenloser Zugang bei einem Anbieter wie *mysimpleshow.com*, der die webbasierte Software und eine Plattform zur Bereitstellung (Stand 2018) kostenlos zur Verfügung stellt. Außerdem werden Sie hier über gut verständliche Tutorials durch die einzelnen Schritte geführt, sodass Sie für Ihr erstes selbst erstelltes Video kaum mehr als eineinhalb bis zwei Stunden brauchen. Der Clou ist hier, dass die Software vom „Drehbuch" ausgeht, das Sie selbst erstellen. Hier werden Schlüsselwörter erkannt und Sie bekommen passende Zeichnungen (sogenannte Scribbles) direkt angeboten. Nachteile sind die festgelegte Länge der Sequenzen, die Beschränkung auf eine bestimmte Anzahl von Einzelgrafiken pro Szene sowie die Einschränkungen bei der Vertonung.

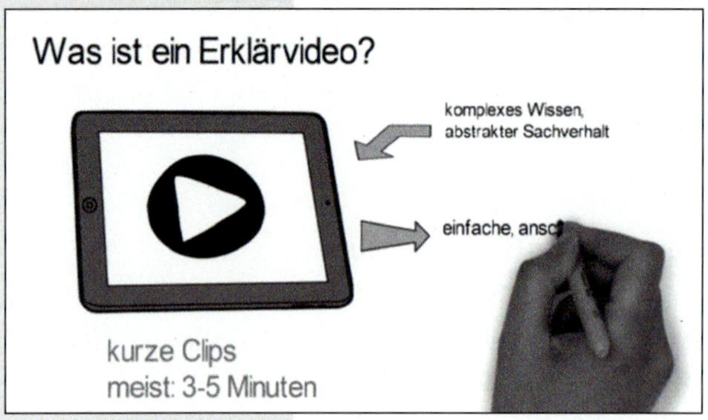

Film-Still: Videoscribe

Wenn Sie stattdessen den ***digitalen Whiteboard-Stil*** bevorzugen (siehe Bild links), müssen Sie sich zunächst mit einer Software wie *Explain Everything* oder *Videoscribe* vertraut machen. Hierfür benötigen Sie ein Tablet oder einen PC/iMac. Berücksichtigen Sie, dass in der App-Version von *Videoscribe* nicht alle Funktionen verfügbar sind. Daher eignen sich iMac oder PC besser hierfür. Über Tutorials ist auch *Videoscribe* nahezu selbsterklärend. Eine kostenlose Testversion ist verfügbar, das „Drehbuch" oder Storyboard müssen Sie hier vorher selbst anfertigen. Ein Vorteil gegenüber *mysimpleshow* ist aber, dass Sie die Länge aller Sequenzen frei einstellen können.

Die Nachbearbeitungsschritte 9–12 sind auch für die digitale Videoproduktion relevant. Auch wenn Sie mit *mysimpleshow*, *Explain Everything* oder *Videoscribe* die Möglichkeit haben, das Video zu vertonen, ist es erfahrungsgemäß qualitativ besser, die Vertonung als Teil der Postproduction in einem Programm wie *iMovie* oder *Power Director* zu leisten, in das Sie Ihre Videodatei einbetten können.

Schritt 8: Produktion am Beispiel des analogen Legetrickvideos

V7

WES-122826-007

Wir gehen hier näher und schrittweise auf den Stil ein, der uns für den Einstieg in die Videoarbeit als Anfänger am ehesten geeignet scheint, nämlich das **analoge Legevideo**. Allen Legevideos gemein ist das zentrale Stilmerkmal: Zeichnerische und textuelle Elemente werden von einer Hand ins und aus dem Bild geschoben. Entsprechend ähnlich sind die Grundvoraussetzungen für ein gelingendes Video. Die **Zeichnungen** sollten **deutlich erkennbar**, nicht zu verspielt, groß genug und die verwendeten **Linien nicht zu dünn** sein. **Textelemente** sollten eher aus **Schlagwörtern** und nicht aus vielen ganzen Sätzen bestehen, außerdem müssen **Schriftart** und **Schriftgröße** vor allem der **Lesbarkeit** dienen.

So könnten Ihre Kärtchen aussehen.

Eine zentrale Schwierigkeit ist beim „Ein-Personen-Dreh“, dass Sie Produzent, Regisseur, Kameramann, Beleuchter, Tonassistent, Schauspieler oder Puppenspieler, Sprecher und Cutter in einem sein müssen. Das ist am Anfang schon sehr viel verlangt, gibt Ihnen aber natürlich auch sehr viele Freiheiten und Möglichkeiten, die Mitarbeiter bei Film und Fernsehen sonst kaum haben.

Bevor Sie mit dem eigentlichen Dreh beginnen, brauchen Sie unbedingt die folgenden Dinge:

Materialien und Voraussetzungen für den Dreh

- Tablet mit möglichst guter Kamera (niemals die Frontkamera auf der Display-Seite verwenden!)
- eventuell ein zusätzliches Mikrofon (je nach Qualität eigener Test-Tonaufnahmen) mit Klinken-Stecker oder USB-C, sodass es ans Tablet problemlos angeschlossen werden kann
- Stativ (z. B. „Schwanenhalshalterung“), das eine ruckelfreie Aufnahme und ein Arbeiten unterhalb der Kamera bei gleichzeitiger Armfreiheit und dem Blick aufs Display ermöglicht
- Tisch oder andere unbedingt ebene und einfarbige Fläche
- eventuell „rutschgünstige“ einfarbige Auflage oder Tischdecke
- vorbereitete Kärtchen mit Zeichnungen, Pfeilen, Symbolen, Wörtern
- gute Lichtverhältnisse (am besten 1 – 2 kleine Steh- oder Klemmlampen)
- Storyboard oder Drehbuch: Sie dürfen sich davon *lösen*, aber Sie können *unmöglich voll improvisieren.*

Gehen Sie dann folgendermaßen vor:

I. Montage

Zunächst montieren Sie die **Halterung** und spannen das Tablet ein. Der Abstand zur gefilmten Oberfläche sollte ca. 40 – 50 cm betragen, der gefilmte Ausschnitt liegt dann (ohne Zoom) ebenfalls bei ca. 40 x 50 cm. Sie können anschließend mit **Kreppband** oder Klebeband die **Ränder** genau außerhalb des gefilmten Bereichs markieren, damit Sie die Karten später beim Schieben weit genug hinein- und heraustransportieren. Außerdem können Sie so auch die nächsten und übernächsten benötigten Kärtchen für schnellere und gezieltere Motivwechsel gleich in Greifnähe platzieren.

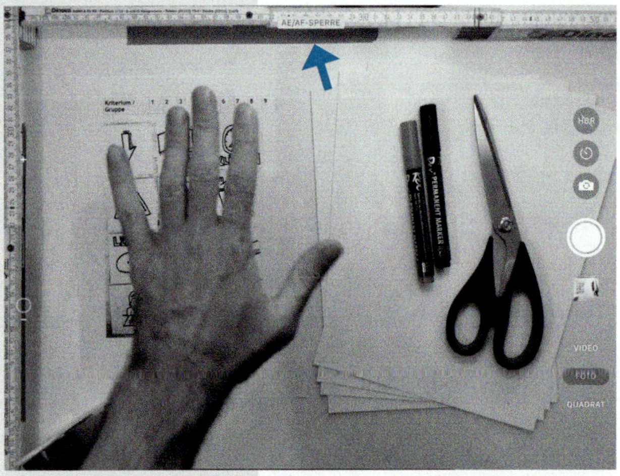

Vorbereitungen abschließen, Autofokus deaktivieren

II. Einrichten

In den Einstellungen Ihres Tablets sollten Sie nach dem Einrichten des Settings den **Autofokus deaktivieren**, da sonst bei Bewegungen vor der Kamera der Sucher immer wieder unscharf wird. Das funktioniert bei jedem Gerät so: Zunächst die eigene Hand im später benötigten Abstand vor den Sucher führen und scharf stellen. Im Kameramodus dann **zwei Sekunden mittig auf den Bildschirm drücken**, bis **„AF/AE Sperre“** angezeigt wird, damit die Kamera danach nicht unbeabsichtigt unscharf oder die Helligkeit geändert wird. Zudem sollten Sie die **Ausrichtungssperre aktivieren**, damit bei leichtem Kippen die Kamera nicht unbeabsichtigt dreht. Beim iPad geht das über das passende Icon im Kontrollzentrum, bei Android-Tablets meist über Wischen von oben, dann „Bildschirm drehen“ ausschalten.

III: Testvideo und Soundcheck

Jetzt können Sie eine **Probeszene** aufnehmen: Sie sollten später so vor Tisch und Tablet stehen können, dass Sie **beide Hände unterhalb des Tablets bewegen** können und gleichzeitig mit dem Kopf nicht zu weit vom Tablet entfernt sind. Denn Sie müssen ja gleichzeitig selbst sehen und kommentieren (also per Mikrofon aufzeichnen), was da bewegt und gezeigt wird. Vor allem wenn das eingebaute Mikrofon Ihres Tablets zu schlecht ist, sollten Sie über ein **späteres „Voiceover“** nachdenken, also eine nachträglich hinzugefügte Tonspur, in der Sie einen besseren Ton erzielen können und unter Umständen auch überlegter kommentieren können. Dennoch lohnt sich die Parallel-Aufnahme während der Videoaufzeichnung. Denn nur so wissen Sie, wie lange Bildelemente oder ganze Szenen mindestens liegen bleiben müssen, bis Sie genug dazu sagen konnten. Zwar ist es möglich, auch bei der Nachbearbeitung über „Zeitdehnung“ Szenen künstlich zu verlängern, aber das geht nur mit völlig ruhigen Bildern gut, nicht mit Bewegungen. Außerdem wollen Sie vielleicht später bei ähnlichen Produktionen mit Schülerinnen und Schülern darauf bestehen, dass in einem Zug alle Szenen „hintereinander weg“ gedreht werden und nicht viel nachbearbeitet werden muss. Damit das überhaupt funktionieren kann, müssen Sie selbst diese Art von Videoproduktion sicher beherrschen, um später Lerngruppen darin anweisen zu können.

IV. Kärtchen entwerfen und produzieren

Zum Schieben eignen sich Karton, Karteikarten und dickeres Papier ab 150 g in matt, weniger gut geeignet ist normales Druckerpapier. Zusätzlich benötigen Sie jetzt für die Gestaltung mindestens einen Bleistift für das erste Skizzieren, einen dicken Filzstift (am besten schwarz) zum eigentlichen Zeichnen und Nachziehen der Linien sowie eventuell eine Schere.

Auch als nicht sehr talentierter Zeichner können Sie die für die Produktion zentralen **Kärtchen relativ schnell gestalten**, indem Sie entweder lizenzfreie Bilder finden und ausdrucken oder – noch besser und urheberrechtlich sicherer – einfache Darstellungen wie **Cliparts suchen und abzeichnen** (Näheres dazu in Schritt 10: „Datenschutz und Urheberrecht“). Dafür einfach in der Google-Suche „Bilder“ auswählen und Ihren Begriff plus Clipart in der Suchleiste eingeben (z. B. „Buch + Clipart“).

Aus einem DIN-A4-Blatt können Sie 3 – 4 Karten schneiden (s. Video), deutlich größer oder kleiner sollten die später zu schiebenden Produkte aus optischen und praktischen Gründen nicht sein. Natürlich kann man immer gleich große und z. B. quadratische Karten herstellen oder verwenden – aber etwas ansprechender sind gerade für Schülerinnen und Schüler „lässigere“ Formate: Sie können z. B. einfach einen überall gleich breiten Rand von etwa drei Zentimetern um die entstehenden Zeichnungen und **Schriftzüge** lassen. Oder Sie schneiden die Karten absichtlich etwas außerwinklig und gerade *nicht* gerade.

Kärtchen für den Legetrick

Beim **Zeichnen und Gestalten** sollten Sie v. a. auf in etwa gleichbleibende Strichdicke und Schriftgröße achten. Insgesamt sollte Ihre praktische Darstellung in Text und Bild das Ziel verfolgen, auf den Punkt zu bringen, was Sie mündlich weiter ausführen. Dabei sollten Sie stets zum Ziel haben, unterhaltsam, aber nicht albern, und informativ, aber nicht langwierig darzustellen. Das heißt auch: **So einfach wie möglich, so präzise wie nötig**. Zudem gilt die altbekannte Forderung nach Authentizität gerade auch beim Video. Wenn Sie sonst immer ein zurückhaltender und sehr sachlicher Lehrertyp sind, sollten Sie sich nicht plötzlich verkrampft an jugendlicher Gestaltung versuchen. Pflegen Sie dagegen mit Ihren Schülerinnen und Schülern auch im Unterricht eher einen unkomplizierten oder gar saloppen Umgangston, werden Sie nicht im Video als hölzerner Rundfunksprecher mit grafischer Unterstützung im verstaubten Look des Telekollegs auftreten wollen.

Erst wenn Sie alle Kärtchen erzeugt und in Greifweite gelegt haben und Ihren Kommentar als Text entweder genau im Kopf oder noch besser außerhalb des Kamerabereichs schriftlich vor sich haben, starten Sie mit der Aufnahme der Videosequenzen.

V. Aufzeichnen von Bewegung und Kommentar

Die wichtigste Regel lautet hier gerade als Anfänger: **Eins nach dem anderen**. Ihre Arbeitsabfolge ist immer die folgende:

Aufnahme starten – Kärtchen ins Bild ziehen – mündlicher Kommentar – (eventuell 1 – 2 weitere Karten und dann Kommentar) – Kärtchen aus dem Bild schieben – Aufnahme stoppen.

Bei mehreren Minuten Drehzeit unterlaufen *jedem* Fehler. Diese müssten Sie entweder durch erneutes Drehen oder in der Nachbearbeitung ausbügeln. Versuchen Sie also lieber, das ohnehin in Einzelszenen unterteilte Video auch gleich **in mehreren einzelnen Aufnahmen** abzudrehen. So halten Sie die **Konzentration hoch** und die **Fehlerrate niedrig**. Versuchen Sie außerdem, hinsichtlich Tempo und Richtung beim Schieben möglichst einheitlich zu agieren, z. B. indem Sie immer mit der linken Hand von links einschieben und am Ende mit der rechten nach rechts abräumen.

Die so entstehenden Einzelvideos von einigen Sekunden können Sie in der Nachbearbeitung ganz leicht aneinanderfügen, kleine Fehler herausschneiden und die Übergänge perfektionieren.

Nachbereitung – Form und Einsatz anpassen

Schritt 9: Nachvertonung und Schnitt

Unabhängig von Stil und Variante brauchen Sie für ein wirklich professionell wirkendes Video spätestens bei der Nachbearbeitung ein ***Videoschnitt-Programm*** (s. Übersicht von Apps, S. 39 f.). Grundaufbau und Funktionen dieser Programme sind sehr ähnlich, egal auf welchem Betriebssystem und mit welcher Software Sie arbeiten. Jede Schnittsoftware gliedert sich in einen Bereich zur Datei- und Clipverwaltung, einen Vorschaubereich, in dem der gerade ausgewählte Film oder das gewählte Bild angezeigt wird, eine Liste mit Effekten und deren Untereinstellungen sowie den eigentlichen Schnittbereich, in dem Filmszenen platziert, geordnet und nachbearbeitet werden können (vgl. Rühmer 2014, S. 166 f).

Nachvertonung, Schnitt, Nachbearbeitung

Dieser **Schnittbereich, die sogenannte *Timeline***, ist das **zentrale Arbeitsfeld**. Hier können Sie aus einer (meist oberhalb sichtbaren) **Datenbank mit Vorschaumonitor** alle Videos und Bilder, die auf Ihrem Gerät verfügbar sind, einsetzen und bearbeiten. Diese Timeline ist vergleichbar mit dem klassischen **Filmstreifen**. Wie bei analogen Kameras liegen hier im Prinzip **aufeinanderfolgende Einzelbilder** vor. Von diesen können Sie in beliebiger Länge einige entnehmen, also vorne oder hinten kürzen. So können Sie zum Beispiel die Zeiträume herausschneiden, die Sie zuvor gebraucht haben, um die Aufnahme einzelner Szenen jeweils zu starten und zu stoppen. Sie können aber auch dehnen, also einzelne Bilder oder Abschnitte länger anzeigen. Über diese Funktion können Sie nachträglich **Dinge genauer erläutern**, etwa wenn Sie mit der ursprünglichen Tonspur oder inhaltlichen Erklärung unzufrieden sind. Außerdem können Blenden bei den **Übergängen** zwischen den Einzelszenen verändert und **Musik** oder zusätzliche **audiovisuelle Effekte** hinzugefügt werden. Aber Vorsicht: Zu viel Musik und „Geräusche-Teppiche" wirken schnell unsachlich oder unpassend und bei Blenden sollten Sie (wie bei *Powerpoint*) besser nur harten Schnitt oder Schwarzblende wählen, kein „Wischen" oder „Auflösen" oder ähnlich verspielte Varianten.

Nur über ein Schnittprogramm können Sie außerdem die **Lautstärke einzelner Aufnahmen nachträglich verändern** und angleichen oder über eine Nachvertonung dem ganzen Film eine neue Tonspur hinzufügen. Ähnlich wichtig ist die Funktion „Titelgenerator", über die Sie einfache **Text-Elemente** (beispielsweise Ihren Namen und Ihr Thema) nachträglich ergänzen können.

Mit dem Tablet haben Sie also die Möglichkeit, über eine kostenlose Schnittsoftware wie **iMovie (iOS)** oder **Power Director (Android)** Ihren kompletten Film nach der Aufnahme auf dem gleichen Gerät auch zu schneiden und nachzubearbeiten.

Schritt 10: Datenschutz und Urheberrecht

Am 1. März 2018 trat das Gesetz zur **Angleichung des Urheberrechts** an die aktuellen Erfordernisse der Wissensgesellschaft (**UrhWissG**) in Kraft. Mit dem Hinzukommen der Datenschutzgrundverordnung für die komplette EU im Mai 2018 (**EU-DSGVO**) hat sich zwar einiges getan in Sachen Urheberrecht und Datenschutz – an den datenschutzrechtlich relevanten Fragen bei der nichtkommerziellen Videoerstellung und am geltenden Urheberrechtsgesetz (UrhG) in Deutschland hat sich jedoch **nichts grundlegend verändert**. Letzteres regelt in §2 ganz klar, dass „Filmwerke, einschließlich der Werke, die ähnlich wie Filmwerke geschaffen werden" einen besonderen Schutz verdienen. Haben nur Sie an einem Film wie einem Erklärvideo mitgewirkt, sind auch ganz klar nur Sie der Urheber. Außerdem ist hinsichtlich der **Verwendung von fremdem** wie eigenem **Material zu Unterrichtszwecken** durch das UrhWissG eher sogar eine **Vereinfachung für die Lehrerinnen und Lehrer** gegeben, denn in § 60a, Absatz 1, wird hier Folgendes ganz klar geregelt: „Zur Veranschaulichung des Unterrichts [...] dürfen zu nicht kommerziellen Zwecken bis zu 15 Prozent eines Werkes [...] öffentlich zugänglich gemacht und in sonstiger Weise öffentlich wiedergegeben werden. [...]" Darüber hinaus gilt sogar eine Sonderregelung für Kleinstwerke gemäß Absatz 2: „Abbildungen und [...] sonstige Werke geringen Umfangs dürfen abweichend von Absatz 1 vollständig genutzt werden." Das heißt, dass Sie für Ihre Lern- und Erklärvideos durchaus kleine Auszüge fremder Texte und Werke verwenden können – vorausgesetzt natürlich, Sie **zitieren dabei verantwortungsvoll** und geben die dahinterstehenden Ideen nicht als eigene aus. Aber Achtung: Diese Regelungen gelten nur, solange 1. die Werke, aus denen entnommen wurde, nicht selbst Werke zu Bildungszwecken sind und 2. die **entstehenden Produkte nicht auf öffentlich zugänglichen Plattformen wie YouTube hochgeladen werden**.

Der **Datenschutz** für *Ihre eigenen* personenbezogenen Daten (zu denen übrigens gemäß Art. 4 Abs. 1 EU-DSGVO auch Ihre *Stimme* und *Handschrift* zählen) obliegt hier natürlich Ihnen selbst. Ob Sie ein Video im Internet hochladen und jedermann zugänglich machen möchten, auf dem man viel von Ihnen sieht und über Sie erfährt, ist daher zunächst auch gänzlich Ihre Entscheidung. Wenn Sie mit Ihren Schülerinnen und Schülern Videos machen und diese vielleicht sogar online stellen wollen, müssen Sie hingegen relativ viele Regelungen beachten, sich **Einverständniserklärungen der Eltern** holen und so weiter (vgl. Kapitel V: „Lernvideos mit Schülerinnen und Schülern erstellen"). Solange Sie aber „nur" selbst Produzent und Sprecher in Ihren Videos sind, genügen einige wenige Grundregeln.

1. Urheberrecht schützt den Urheber

Der sogenannte „Urheber" ist der Schöpfer eines Werkes. Schöpfer wird man, indem man ein Werk „mit eigenen Händen", auch unter Zuhilfenahme von analogen oder digitalen Werkzeugen, geschaffen hat (§ 7 UrhG). Urheber ist also immer ein konkreter Mensch, d. h. eine natürliche Person, keine Firma oder Institution. Wo immer Sie selbst also ganz sicher Urheber von Zeichnungen, Fotos oder Grafiken sind, kann niemand sonst Ansprüche gegen Sie erheben. Schon aus diesem Grund kann es geschickt sein, sich wirklich auf selbst gemachte Produkte zu beschränken. Dadurch vermeiden Sie jede Kollision mit Leistungsschutzrechten anderer. Um sicherzugehen, dass Sie keine ungewollten Fehler machen, sollten Sie vorsichtshalber denjenigen Urhebern genüge tun, die an Ihrem Werk in irgendeiner Weise auch Anteil haben. So sollten Sie im Abspann z. B. die Software erwähnen, mit der Sie gearbeitet haben.

2. Nur lizenzfreie Bilder und Materialien verwenden!

Je nach Gegenstand Ihres Videos kommen Sie möglicherweise um ein Mindestmaß an fremden Produkten und Werken nicht herum. Dann stehen Sie vor der Frage, welche Bilder oder Grafiken Sie eigentlich bedenkenlos verwenden dürfen und wie Sie solche finden.
Genau für diesen Fall gibt es die sogenannten „CC-Lizenzen", welche durch die gemeinnützige Organisation ***Creative Commons*** entwickelt wurden und einen Kompromiss aus Einfachheit und Rechtssicherheit für Urheber und Nutzer bieten sollen. Über vier kleine Icons kann der Urheber entscheiden, ob a) sein Name genannt werden muss, b) das Werk auch für

kommerzielle Zwecke genutzt werden darf, c) Veränderungen am Werk zulässig sind und d) das veränderte Werk unter derselben Lizenz weitergegeben werden muss. Dies muss unbedingt beachtet werden. Da Sie als Lehrerin oder Lehrer im Regelfall ohnehin keinen kommerziellen Nutzen aus den fremden Werken ziehen, können Sie diesen Punkt vernachlässigen. Nur wenn Sie in irgendeiner Form Geld über die Videos verdienen, müssen Sie hier sehr vorsichtig sein.

Zwei Möglichkeiten seien noch erwähnt, wie Sie recht einfach an grundsätzlich **lizenzfreie Bilder** gelangen. Die einfachste ist es, bei der Google-Suche gleich die Einstellungen so zu wählen, dass Ihnen nur lizenzfreie Bilder angezeigt werden. Dafür wählen Sie auf Google zunächst die Bildersuche aus und wählen anschließend dort unter „Tools" die Option „zur nichtkommerziellen Wiederverwendung und Veränderung gekennzeichnet" (siehe Abbildung unten).

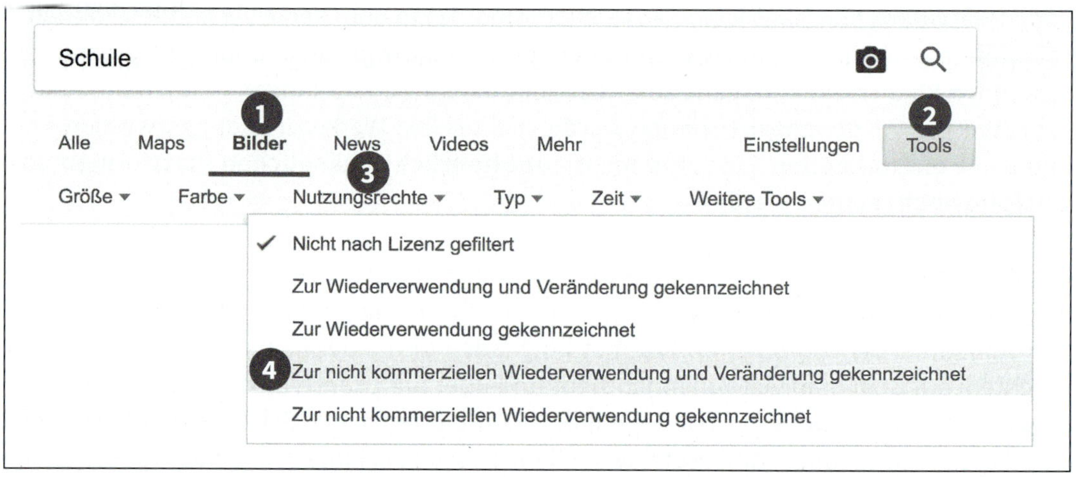

So kommen Sie an Bilder für Ihr Video.

Nun zeigt Ihnen Google für alle eingegebenen Suchanfragen nur noch solche Treffer, die Sie bedenkenlos auch verändern und in Ihren Erklärvideos oder für Arbeitsblätter verwenden dürfen – solange Sie diese nicht auf Plattformen zur Verfügung stellen, auf denen Sie Ihrerseits Geld damit verdienen.

Eine andere Möglichkeit ist es, gleich nur auf **Plattformen** zu suchen, die solche **lizenzfreien Bilder**, GIFs und Videos anbieten. Genannt sei hier exemplarisch eine der größten: pixabay.com hat den Vorteil, dass Sie für den kostenlosen Download der gewünschten Bilder oder Grafiken noch nicht einmal ein Konto anlegen müssen.

Schritt 11: Dateiformate kennen und ändern, Videos zugänglich machen

Beim Umgang mit **YouTube** im unterrichtlichen Kontext herrscht derzeit viel Unsicherheit. Viele Lehrerinnen und Lehrer haben sogar Angst, solche Videos zu *zeigen* – geschweige denn, dort Videos *hochzuladen*. Die Regelungen sind dabei eigentlich eindeutig: In Artikel 34 des Grundgesetzes (und damit unberührt von möglichen Ergänzungen oder neueren Gesetzen) ist klar geregelt, dass für fahrlässige Rechtsverletzungen durch Lehrerinnen und Lehrer im Rahmen ihrer Tätigkeit nur das *Land* als Dienstherr haftet (vgl. Art. 34 GG). Nur bei *Vorsatz* oder *grober* Fahrlässigkeit müssen einzelne Lehrkräfte also eine persönliche Haftung überhaupt befürchten.
Das *Zeigen* (zumindest eher kurzer Clips) ist also urheberrechtlich weitgehend unbedenklich und Sie dürfen sie zeigen – solange Sie **keine kompletten Spielfilme** zeigen (da diese „offensichtlich unbefugt" online gestellt wurden) und die Inhalte nicht gegen das **Jugendmedienschutzgesetz** verstoßen.

Gefährlicher ist da sicherlich das **Hochladen** eigener Videos auf öffentlichen Plattformen, da diese Vorführung dann ja **nicht mehr im geschützten Raum** des Unterrichts im Klassenzimmer, sondern nachverfolgbar und öffentlich einzusehen ist. Für die **nur von Ihnen selbst produzierten** Erklärvideos heißt das, dass es grundsätzlich vollkommen **legitim** ist, diese **auf YouTube hochzuladen** und so Ihren Schülerinnen und Schülern (und auch der Öffentlichkeit) zur Verfügung zu stellen. Allerdings müssen Sie in diesem Fall besonders sicher sein, **Rechte Dritter** nicht zu verletzen und alle **Quellen zu nennen**. Bitte bedenken Sie auch, dass Schüler YouTube vollumfänglich erst ab 16 Jahren nutzen dürfen (vgl. dazu S. 54). Sie sollen außerdem keinesfalls Werbung auf Ihrem Kanal schalten. **Sicherer** fahren Sie natürlich, wenn Sie über eine alternative Plattform wie **Moodle oder eine Nextcloud** Ihre Videos nicht auf öffentlichen Servern lagern und jedem zugänglich machen, sondern diese als Dateien auf einem verschlüsselten Speichermedium Ihrer Wahl verbleiben und nur für gezielte Lerngruppen zugänglich gemacht werden.

Da Urheberrecht keine Ländersache ist, gelten grundsätzlich in allen Bundesländern die gleichen Bestimmungen. In Baden-Württemberg gelten die immer wieder aktualisierten **Checklisten für den Gebrauch lizenzfreier Medien** (Musik, Bilder, Grafiken, Videos) der Lehrerfortbildungsseite des Landes sogar als rechtsverbindlich, für Lehrkräfte aus anderen Bundesländern können Sie sicher zumindest als gute Richtschnur dienen:
https://lehrerfortbildung-bw.de/st_recht/urheber/checkl/ (letzter Aufruf: 11.6.2019)

Bereitstellung auf öffentlichen Portalen:
Für beide Arten der Bereitstellung von **Videos mittels Online-Streaming** benötigen Sie mindestens einen **persönlichen Zugang**, auf YouTube oder Vimeo können Sie sich einfach selbst kostenlos ein Profil und einen Kanal erstellen. Für die sichereren Versionen der Bereitstellung wie *Moodle* und *Nextcloud* müssen Sie sich mit den zuständigen Netzwerkern an Ihrer Schule zusammentun und brauchen neben Zugangsrechten auch eine längere technische Einweisung.

Um sich einen intensiveren Überblick über Medienrecht und Möglichkeiten der Videonutzung zu verschaffen, ist sicherlich das **ZUM-Wiki** von der gemeinnützigen **Zentrale für Unterrichtsmedien** (siehe Übersicht Apps und Plattformen, S. 39 f.) im Internet gut geeignet. Gut ist, wenn Sie die wichtigsten Formate zumindest erkennen und wissen, ob Sie auf Ihrem oder dem Schulrechner auch sicher abgespielt werden können.

Videodateien stecken voller hochaufgelöstem Bildmaterial, daher sind die entstehenden Dateien immer sehr groß – so groß, dass die **ruckelfreie Darstellung** gerade im **Streaming-Format** (also über ein Datenübertragungsverfahren, bei dem die Daten bereits während der Übertragung angesehen werden können) nur mit sehr guten Verbindungen überhaupt möglich ist. Da Sie keinen Millionen teuren Blockbuster produziert haben, von dem man jede Nuance in HD sehen müsste, sondern Wissen veranschaulichen und vermitteln wollen, können Sie für Erklärvideos ruhig die **Auflösung** und damit die **Dateigröße verringern**. Dies funktioniert bei manchen Schnittprogrammen schon über eine Funktion „Auflösung wählen“ beim Speichern.
Unabhängig davon können Sie aber über eine zusätzliche Software auch nachträglich das Dateiformat verändern und die Größe deutlich reduzieren. Die kostenlose Open-Source-Software *Handbrake* beispielsweise ermöglicht ganz unkompliziert (einfach über Drag'n'Drop) die Kompression eines bestehenden Videos in ein Format Ihrer Wahl. Da Kompressionsverfahren vor allem mit Redundanzreduktion und Irrelevanzreduktion arbeiten, also fürs Auge nicht wahrnehmbare Information reduzieren und sich nicht verändernde Bildinformation beibehalten, ändert sich an der wahrnehmbaren Qualität des End-

produktes wenig bis nichts. Außerdem können Sie in den Einstellungen selbst festlegen, wie hoch der Qualitätsverlust sein darf, den Sie für eine deutlich kleinere Datei in Kauf nehmen.

Schritt 12: Einsatz des Videos

Ihr Produkt ist fertig – wie kommt es jetzt zum Einsatz? Sie hatten sich ja schon bei Schritt 2 in der Vorbereitungsphase Fragen zum Zweck des Videos und möglichen Einsatzformen gestellt. Sichten Sie nun Ihr eigenes Video abschließend nochmals mit Fokus auf die Verständlichkeit und Ihren Unterrichtskontext. Ist es so selbsterklärend, dass es in einer Hausaufgabe allein gesehen und verstanden werden kann? Oder gibt es einen „Call-to-Action"-Bereich, der durch seine verbindliche Aufgabenstellung eher zu sofortiger Weiterarbeit im Gruppenverbund genutzt werden müsste?

Abhängig davon sollten Sie überlegen, ob es sinnvoll oder gar notwendig ist, dass jede Schülerin und jeder Schüler für sich und zu Hause (erneut) auf das Video zugreifen kann. In diesem Fall ist das Hochladen auf YouTube oder Vimeo sicherlich sinnvoll. Bitte bedenken Sie, dass Schülerinnen und Schüler YouTube offiziell erst ab 16 Jahren vollumfänglich nutzen dürfen, weil hierfür ein Google-Konto erstellt werden muss (s.: https://support.google.com/youtube). Vimeo erlaubt das Einrichten einen eigenen Accounts ab 16, für die kommerzielle Nutzung muss man sogar 18 Jahre alt sein (s.: http://vimeo.com/terms). Sie haben als Lehrer aber die Möglichkeit, Ihre YouTube-Uploads in eine eigene WordPress-Seite einzubetten oder als QR-Codes bereitzustellen, die von den Schülern dann problemlos verwendet und aufgerufen werden dürfen.

Beim Hochladen auf YouTube oder Vimeo müssen Sie aber, wie bereits erwähnt, unbedingt sicherstellen, dass weder Rechte Dritter (Urheberrecht) noch Rechte am eigenen Bild (Datenschutz) verletzt werden.

Ist dies nicht der Fall oder haben Sie Material verwendet, bei dem Sie nicht sicher sind, keinerlei Rechte Dritter zu verletzen, so bieten sich eher andere Optionen an. Sie können Ihr Video ja auch einfach nur im Unterricht zeigen, wie Sie das mit fremden Videos in der Regel auch tun. Dafür kann es – je nach den Voraussetzungen an Ihrer Schule – genügen, den eigenen Laptop an den Beamer anzuschließen oder eine DVD zu brennen, die Sie abspielen können.

Oder müssen die Schüler es schon einzeln abspielen, weil sie z. B. direkt danach an einem Werk (Deutsch) oder Werkstoff (Physik, Chemie, Biologie) weiterarbeiten sollen, aber zu Hause brauchen sie es nicht mehr? Dann könnten Sie das Video über schuleigene oder geliehene Tablets oder Laptops ganz leicht verteilen, ohne dass es gleich öffentlich online stehen muss und Sie Kommentare oder gar Klagen anderer riskieren.

Wie auch immer Sie abschließend Ihr Video einsetzen, nach diesem ersten „Herantasten" haben Sie hoffentlich Lust bekommen und die nächsten Projekte werden schon deutlich leichter von der Hand gehen. Auf die eigene Produktion kann dann auch die mit Schülergruppen folgen …

V. Lernvideos mit Schülerinnen und Schülern erstellen

V8

WES-122826-008

Mirko Drotschmann (alias MrWissen2go), was macht für dich ein gutes Erklärvideo aus?

Na ja, also für mich ist ein gutes Erklärvideo ein Video, an dessen Ende man etwas verstanden hat. Das sollte der Sinn und Zweck eines Erklärvideos sein. *Wie* das gelingt, ist erstmal zweitrangig – egal, ob da jemand vor der Kamera sitzt, ob man nur mit Grafiken oder Animationen arbeitet, ob man Musik einsetzt oder es vermeintlich „trocken“ macht. Es kommt darauf an, das Thema so darzustellen, dass es verständlich und auf das Wesentliche heruntergebrochen ist; dass man im besten Fall gerne zuhört und es unterhaltenden Charakter hat; dass derjenige, der das Wissen vermittelt, das authentisch und auf eine ansprechende Art und Weise macht. Das bedeutet für mich auch, dass ein gutes Erklärvideo nicht von einer Computerstimme gesprochen werden sollte [...].

(Interview für dieses Heft, August 2018)

1. Didaktische Grundsätze

An Lust und Spiel orientierte Lernprozesse mit **hoher Selbstständigkeit**, die eine leichte Anspannung, aber keinen übermäßigen Druck aufweisen, sind - aus neurodidaktischer Sicht - nicht nur ermutigend, sondern geradezu **ideal** für **gelingendes Lernen** (vgl. Hermann 2009, S. 10 – 13). Auch die eigene Zeiteinteilung sowie Mitbestimmung bei der Stoffwahl führen dazu, dass Lernen von Schülerinnen und Schülern als sinnvoller erlebt wird (vgl. ebd., S. 11). Wenn Sie Ihre Schülerinnen und Schüler z. B. in arbeitsteiligen Gruppen Erklärvideos zu einem - im Idealfall - wählbaren Themenangebot machen lassen, können Sie damit rechnen, dass eben dies der Fall ist.

Sie können während des gesamten Arbeitsprozesses mit einer durchweg hohen oder vergleichsweise **höheren Motivation** rechnen. Aber woran liegt das? Eine Untersuchung aus dem Jahre 2015 belegt, dass Heranwachsenden Videoproduktion schlichtweg ein Anliegen ist: Diese Studie zu YouTube-Kindervideos kommt zu dem Ergebnis, heute sei sogar Kindern die Videoproduktion ein Bedürfnis (vgl. Wolf/Kratzner 2015, S. 29 – 44). Sie entwickelten bei überwiegend autodidaktisch hergestellten Videos klare, aber einfache Erklärungsmuster (vgl. ebd., S. 37 und 43).

Erklärvideos schaffen aber nicht nur Motivation. Mit Lernvideos verändern Sie die Verantwortung für den Lernstoff, da Schüler automatisch von Lernenden zu Lehrenden werden. Im Sinne des **Feynman-Prinzips** funktioniert Lernen ohnehin besonders gut, wenn man den Lernstoff selbst erklären muss. **Man kann etwas nur dann richtig erklären, wenn man es auch verstanden** hat. Das Herstellen eines Erklärvideos ist daher besondere Herausforderung und Chance zugleich. Richtig angeleitet, *zwingt* es uns zum Verständnis des zu vermittelnden Sachverhalts.

V2
WES-122826-002

Unterschied zu Schülerreferaten

Nun könnte es sein, dass Sie darüber nachdenken, ob Schülerreferate nicht dieselbe Funktion haben. Tatsache ist: Sie könnten es. Fakt ist aber auch: Sie haben es oft nicht.

Häufig entstehen Referate in der Schule arbeitsteilig, unter Zeitdruck und in der Hoffnung, dass die Schülerinnen und Schüler sich den Lernstoff gegenseitig beibringen. Doch die Flüchtigkeit des Mündlichen sowie die sehr unterschiedlichen Fähigkeiten, einen Vortrag zu halten, führen zu starken Qualitätsunterschieden und machen **Referate** zwar zu wichtigen Präsentationsübungen, aber **selten** zu **nachhaltigen Lernprozessen** in Bezug auf die in der Klasse vorgestellten Inhalte. Ein weiteres Problem besteht in Länge und Abfolge der Präsentationen: Häufig hören die Schüler alle Vorträge unmittelbar nacheinander. Das ist wenig abwechslungsreich und beansprucht die zuhörenden Schüler ausgesprochen, ohne zwingend die Merkfähigkeit zu erhöhen. Ferner sind die Zuhörer eigentlich gerade im Kopf noch damit beschäftigt, den eigenen Vortrag vorzubereiten. Das ist eine äußerst ungünstige Voraussetzung für das Lernen.

Bei **Erklärvideos** sind diese Qualitätsunterschiede in der Regel geringer. Es gibt noch weitere signifikante Unterschiede: Eine Videoaufnahme kann wiederholt werden. Sie muss bei der Präsentation – also anders als beim Referat – vollständig abgeschlossen sein. Ein Video muss weiterhin nicht zwingend im Unterricht gesehen werden. Der Inhalt bleibt beständig und wiederholbar. Wer dieses Mal etwas verpasst, kann den Vorgang nochmals abrufen. Lernvideos sind eben **nicht an die Flüchtigkeit des Mündlichen gebunden**. Auch lässt sich rein sprachlich eine höhere Qualität erwarten, zumal die Tonspur im Vorfeld aufgenommen und in der Gruppe überprüft wurde und kein einmaliges Live-Ereignis ist. Somit sind viele Probleme des Referats durch ein Lernvideo zu umgehen, das aber kein organisches Gespräch ermöglicht. Inhaltliche Nachfragen an die Gruppe könnten durchaus nach dem Sehen des Erklärvideos gestellt werden. Fehler auszumerzen ist aber deutlich aufwändiger und daher nicht so spontan möglich wie in einem Referat. Das ist, neben dem großen Zeitaufwand, sicherlich ein Nachteil.

Sie können grundsätzlich ein **Erklärvideo immer dann machen lassen, wenn Sie eigentlich ein Referat im Methodenkoffer hatten**. (Weitere Einsatzmöglichkeiten finden Sie im Kapitel 6: Einsatzmöglichkeiten des Erklärvideos im Unterricht, S. 71 ff.) Das Referat gleich gänzlich abzuschaffen wäre sicher unsinnig, da das freie Sprechen vor einem Plenum ebenfalls eine wichtige Übung ist.

Es gilt bei dem Auftrag zu einem Lernvideo außerdem zu berücksichtigen, ob sich der Unterrichtsstoff und der Zeitpunkt der Erarbeitung (z. B. Einführung, Vertiefung) *besonders* eignen. Sie sollten bestimmte Bedingungen eruieren, unter denen es sich didaktisch und fachlich besonders lohnt, die dafür nötige Zeit zu investieren. Dafür dient nachfolgende Formel, die bei der Auswahl eines geeigneten Unterrichtsstoffs helfen soll.

V3
WES-122826-003

2. Wann es sich lohnt, mit Lerngruppen ein Erklärvideo zu erstellen

Sind einige der nachfolgenden Bedingungen erfüllt, ist das von Ihnen gewählte Thema für eine Erklärvideoproduktion mit Schülerinnen und Schülern ausgesprochen geeignet.

Formel: Die Herstellung eines Erklärvideos mit Schülern lohnt sich besonders, wenn …

- ein für die Schülerinnen und Schüler ausgesprochen relevantes Thema erarbeitet, gesichert oder vertieft werden soll (z. B. Abiturvorbereitung oder Grundwissen).
- der fachliche Gegenstand sich nicht ständig verändert und er ferner wiederholt bzw. immer wieder im Laufe des Schullebens mitgeteilt werden muss (z. B. Regeln oder Grundwissen).
- der ausgewählte Inhalt von den medialen Möglichkeiten des Videos (z. B. Veranschaulichung) profitiert (z. B. aufgrund seines hohen Abstraktionsgrades).
- der Komplexitätsgrad angemessen und das Thema in der vorgegebenen Zeit bewältigbar erscheint.
- die entsprechenden Kompetenzziele erreicht werden sollen (Gliederung eines Textes, Präsentationskompetenz, Handhabung von Medien, usw).
- genügend Unterrichtszeit zur Verfügung steht (6 – 10 Schulstunden).

Erläuterung der Formel:
Grundsätzlich eignen sich solche Unterrichtsstoffe, die zum Beispiel den Charakter von **Grundlagenwissen** haben, das auch oftmals **wiederholt** werden muss und von den Schülerinnen und Schülern daher ein vertieftes und nachhaltiges Verstehen erfordert. Das bezieht sich also sowohl darauf, dass Schülerinnen und Schüler sich beim Erarbeiten intensiv mit dem Stoff beschäftigen, als auch auf die Möglichkeit, alle in der Klasse entstandenen Videos immer wieder anschauen zu können (im Sinne einer Wiederholung). Als fachliche Beispiele hierfür können die Bestimmung von Satzgliedern im Fach Deutsch oder das Bruchrechnen in Mathematik dienen.

Es ist sinnvoll, wenn sich der Unterrichtsstoff durch eine **geringe Veränderbarkeit** auszeichnet. Ein Erklärvideo zu „Sozialen Netzwerken" hätte wahrscheinlich eine Halbwertszeit von zwei Jahren. Dahingegen gibt es Stoffe, die nicht nur **unverändlicher** sind, sondern auch schulisch dauerhaft **relevant** bleiben. Und das sollten Sie auch bei der Vergabe Ihres Arbeitsauftrags unbedingt berücksichtigen: Es eignete sich bspw. kaum, zu den aktuellen Ministern in Deutschland eine Übersicht gestalten zu lassen, da diese aufgrund der Amtszeiten häufig nur 4 Jahre gültig wäre. Sie könnten jetzt sagen, dass Ihnen das reicht, aber: Sie werden nach und nach merken, dass Sie gute Schülervideos weiterverwenden können. Entsprechend wäre der modifizierte Arbeitsauftrag, aufzuzeigen, welche Ministerien es überhaupt gibt, deutlich nachhaltiger. Im Fachbereich Geografie könnte der Arbeitsauftrag, die Bundesländer mit ihren Hauptstädten vorzustellen, diese sehr hohe Beständigkeit erfüllen.

Ein weiterer zentraler Punkt ist die Evidenz, die mit einem Video einhergeht. Sie können mittels Zeichnungen, Diagrammen und einfachen Übersichten abstrakte Prozesse wie Windentstehung oder den freien Fall deutlich einfacher erläutern, als das rein sprachlich möglich ist. Die Konkretion eines abstrakten Stoffs ist also ebenfalls ein wichtiges Kriterium, insbesondere bei der Lehrerproduktion von Videos. Bei der Themenwahl für Schülergruppen sollten Sie noch darauf achten, dass die **Komplexität angemessen** ist. Sind Themen aufgrund ihrer schieren Größe nicht **überschaubar** (etwa „Epochen erschließen") oder in der vorgegebenen **Zeit** kaum **machbar**, werden Schülerinnen und Schüler unter Umständen zur Paraphrase von Quelltexten neigen, weil das Fachvokabular und die zeitliche Spanne eine Überforderung darstellen. Auf das Fach Deutsch bezogen eignen sich bspw. kleinere Grammatik- oder Rechtschreibthemen (vgl. Ebnet/Huller 2017, S. 16 ff.) ebenso wie sachbezogene Erarbeitungen zu Sprache (z. B. Jugendsprache, Sprachwandel,

Erb- und Lehnwörter) oder arbeitsteilige Figurencharakterisierungen zu einer Ganzschrift. Eine Chance bietet auch das Aufnehmen von Reden oder begründeten Stellungnahmen zu Sachthemen (z. B. Was ist Globalisierung? Sollte man sich vegetarisch ernähren? Welche Auswirkungen hat die globale Erwärmung?).

Doch wir sind wahrlich keine Experten für Ihr Fach. Nutzen Sie also gerne die vorgestellte Formel und setzen Sie Ihren Unterrichtsstoff ein. Erfüllt er die meisten oder alle Kriterien, haben Sie das Thema für ein Lernvideo gefunden.

Kompetenzförderung durch Erklärvideos

Wenn Sie Ihre Schülerinnen und Schüler ein Erklärvideo machen lassen, fördern Sie – wie in der Formel angesprochen – sehr viele Kompetenzbereiche:
Der von Lernenden produzierte Erklärfilm ist Gestaltungs-, Kooperations-, Analyse-, Präsentations- und Visualisierungsmedium zugleich. Mit der Reflexion des Gestaltungsprozesses und dem Besprechen von Beispielen, z. B. auf auf YouTube, kann weiterhin der Mediengebrauch (vgl. KMK 2012, S. 9) thematisiert werden. Ganz konkret fördern Sie folgende Kompetenzbereiche:

- Gliederung und Strukturierung eines Textes
- Visualisierungskompetenz
- Fähigkeit, einen Stoff auf das Wesentliche zu reduzieren
- Verständnis des jeweiligen fachlichen Gegenstands, der erarbeitet wird
- richtiges, sachangemessenes Betonen und Sprechen
- Reflexion der eigenen Außenwirkung beim Reden/Präsentieren
- Medienhandhabung (z. B. Umgang mit Tablet oder Nachbearbeitungsprogramm)
- Recherche von relevanten Informationen, Wahrung des geistigen Eigentums bei Quellen
- Einhaltung von Datenschutz und Urheberrechten
- Funktionalität von Medien (Einsatz von Schrift, Bild usw.)
- Fähigkeit, arbeitsteilig, aber zielgerichtet mit anderen zusammenzuarbeiten (Gruppenarbeit)

Selbst ein flüchtiger Blick auf diese Auflistung lässt erkennen, dass es sich aufgrund der vielen Kompetenzbereiche häufig lohnt, ein Erklärvideo mit Schülern zu machen. Man muss aber sicherlich Schwerpunkte setzen, da nicht jede Unterrichtseinheit dazu taugt, alle Kompetenzen gleichrangig einfließen zu lassen. Es kann sich auch lohnen, beim ersten Mal die rein technischen Anforderungen noch in den Vordergrund zu stellen und eher ein Video zu machen, das ein Unterrichtsthema wiederholt oder sichert. Dahingegen kann beim zweiten Mal sicherlich schon deutlich mehr verlangt werden. Auch die Erstbegegnung mit einem Thema mittels Erklärvideo ist dann möglich.

3. Die Wahl des Geräts: Tablets versus Smartphones

Nicht gleich gut: Tablet vs. Smartphone

Nachdem Sie jetzt vielleicht über Einsatzmöglichkeiten in einem Ihrer Fächer nachgedacht haben, lassen Sie Ihre Gedanken doch nochmals zurückschweifen – zu Ihrer eigenen Schulzeit. Denken Sie nur einmal daran, **wie viele Geräte** Sie **damals** gebraucht hätten, um einen Film zu machen! Wenn Sie nicht gerade frisch in den Schuldienst gekommen sind, hätte die Liste vermutlich folgendermaßen ausgesehen: Begonnen bei Handkamera, Anschlusskabeln, PC und Software könnten Sie nicht nur ein Konto leeren, sondern gleichzeitig mit dem Erworbenen eine große Umzugsbox füllen, die

Sie sich wahrscheinlich kaum unter den Arm klemmen könnten. **Heute** benötigen Sie weniger Geld und Gewicht – und nur ein einziges Gerät: das Smartphone oder Tablet. Der **All-in-One-Charakter** dieser Geräte führt dazu, dass man mit ihnen gleichzeitig filmen, fotografieren, bearbeiten und Audiodateien aufnehmen kann, sodass eine Produktion in wenigen Zeitstunden realistisch wird. Apps gewährleisten alle Funktionen der Nachbearbeitung.

Bei der Wahl der Endgeräte verhält es sich in gewisser Weise wie beim Automobilkauf: Man kann grundsätzlich sagen, dass ein Minivan oder SUV familienfreundlicher ist als ein Smart. Dies charakterisiert auch den Unterschied von Tablets und den kleineren Smartphones, da die **Größe eine andere Handhabbarkeit zur Folge** hat. Auf Smartphones ist das Filmen und Vertonen meist unproblematisch, doch die Nachbearbeitung wird zur Herausforderung. Vorteil eines Tablets ist die Bildschirmgröße, die eine sehr gute Nachbearbeitung ermöglicht. Weitere Vorteile sind außerdem die große Speicherkapazität und dass sie zwar internetfähig, aber meist keine Kommunikationsmedien (Telefon) im engeren Sinne sind. Was man nicht hat, lenkt nicht ab und nutzt man nicht. Oder anders: Wer am Tablet arbeitet, bekommt keine WhatsApp-Nachrichten. Bei einem privat mitgebrachten Smartphone können Sie dies fast nicht vermeiden.

Insgesamt kann man also sagen, dass **Tablets besser** für die schulische Videoproduktion geeignet sind, aber **Smartphones – wie wir gleich feststellen werden – nur notfalls, in Ausnahmefällen und unter Auflagen** gehen. (Zumindest sollte das Auto fahren.)

BYOD (Bring your own device) versus MDM (Mobile Device Management)

V8

WES-122826-008

Anders als bei der Lehrerproduktion braucht eine Klasse, die ein Video macht, aber nicht ein, sondern eben *viele* Tablets oder Smartphones. Und damit verbunden ist die nächste, deutlich schwierigere Frage: Hat die Schule überhaupt Geräte? Welche Geräte haben die Schülerinnen und Schüler? Wer bringt diese mit und wem gehören sie?

Neben Besitz der Schule oder der Schüler gibt es noch die Möglichkeit der Leihe. Man unterscheidet daher zwischen folgenden Prinzipien:

Das **MDM-Prinzip** (Mobile Device Management) besagt, dass die **Verwaltung** der mobilen Endgeräte durch eine **Bildungseinrichtung** geleistet wird, die diese besitzt und zentral administriert. Das muss nicht zwingend Ihre eigene Schule sein, die schon Tablets erworben hat, sondern kann auch ein Stadt- oder Medienzentrum sein, das die Tablets kostenlos verleiht und wartet.

Das **BYOD-Prinzip** (Bring your Own Device/„Bring dein eigenes Gerät mit!“) bedeutet, dass die Schule nicht über einen Tabletwagen oder andere mobile Endgeräte verfügt und **die Schüler ihr eigenes Gerät mitbringen**. Laut JIM-Studie 2017 verfügen 97 % der Jugendlichen mittlerweile über ein eigenes Endgerät (vgl. JIM-Studie 2017, S. 9).

Da somit praktisch jeder über ein Smartphone verfügt, *scheint* das ein toller Verfahrensvorteil zu sein, welcher der Schule zudem einen Haufen Geld spart. Was auf den ersten Blick wie ein großer Nutzen wirkt, hat jedoch auch viele zu bedenkende **Nachteile** und sogar **Verbote**. Daher unser **Appell an Sie** gleich vorab: Machen Sie sich dafür stark, dass in naher Zukunft *mindestens* ein Klassensatz **Tablets an Ihrer Schule angeschafft wird**.

Nur in Ausnahmefällen möglich: das Schüler-Smartphone

Bis das der Fall ist, **leihen Sie** sich besser einen Klassensatz **kostenlos** bei einem **Medienzentrum** oder einer ähnlichen Bildungseinrichtung aus (MDM). **Vermeiden Sie BYOD möglichst.** Das hat folgende Gründe: Im Unterpunkt 32 der Datenschutzgrundverordnung des Kultusministeriums Baden-Württemberg heißt es nämlich bspw., dass „zu unterrichtlichen Zwecken Video- und Tonaufnahmen von Personen auf privaten Geräten von Schülerinnen und Schülern" (KM Ba-Wü 2018, S. 24) nicht erfolgen dürfen, da die Lehrkraft kaum Möglichkeit hat, zu überprüfen, was mit diesen Daten geschieht. Daher sei dringend davon abzuraten (ebd.). Es besteht für die Arbeit mit BYOD lediglich und **in Ausnahmefällen** die Möglichkeit, dass die Schülerinnen und Schüler nur sich selbst auf ihrem Endgerät filmen: „Es kann allenfalls zugelassen werden, dass die Schülerinnen und Schüler mit dem eigenen Gerät Video- und Tonaufnahmen von sich selbst anfertigen, aber keinesfalls von weiteren Personen" (KM Ba-Wü 2018, S. 25).

Das bedeutet, dass die Person, die in einem Vortrag im Erklärvideo gefilmt wird, auch die sein muss, der das zur Verfügung gestellte Endgerät selbst gehört. Weiterhin meint das Wörtchen „allenfalls" sicherlich, dass die Arbeit mit Schüler-Smartphones die Ausnahme bleiben sollte.

Prüfen Sie diesbezüglich auch die datenschutzrechtlichen Richtlinien Ihres Bundeslandes im konkreten Wortlaut! Denn grundsätzlich ist das **Schulgesetz** Ihres Bundeslandes für Sie **bindend**. Es steht in wechselseitiger Beziehung zur Rechtsverordnung des Kultusministeriums und müsste durch die Kultusministerkonferenz auch eine zumindest bundesweit ähnliche Grundlinie haben. Das Hessische Schulgesetz sei hier exemplarisch zitiert (Paragraph 83, ABS. 1): „Schulen dürfen personenbezogene Daten von Schülerinnen und Schülern, Eltern und Lehrerinnen und Lehrern verarbeiten, soweit dies zur rechtmäßigen Erfüllung des Bildungs- und Erziehungsauftrags in der Schule nötig ist [...]."

Und die rechtlichen Grundlagen sind bei Weitem noch nicht die einzige riesige Einschränkung von BYOD: Bspw. kann durch die **Vielfalt der Betriebssysteme** (Android/iOS) nicht immer dieselbe Software von allen Schülern genutzt werden. Das ist aber kein unüberbrückbares Problem, da es für jedes Betriebssystem passende Videoschnitt-Apps gibt und die Schülerinnen und Schüler diese bereits in der Mittelstufe intuitiv nutzen und schnell lernen, wenn man ihnen die entsprechenden Apps nur nennt: Die Nachbearbeitung der gefilmten Dateien kann über das Programm Power Director (Android) bzw. iMovie (Apple iOS) erfolgen.

Ein weiterer **Nachteil von BYOD** ist die unterschiedliche Preisklasse der mitgebrachten Geräte. Das heißt, dass dadurch ökonomische und **soziale Ungerechtigkeit durch die Qualität des Endgeräts** entstehen könnte. Sie werden einem Video nämlich durchaus technisch anmerken, ob bspw. ein hochwertiges Mikrophon und eine sehr gut auflösende Kamera verbaut wurden. Bewerten Sie technische Mängel wie Audioqualität daher nicht, wenn Sie auf ein Gerät durch BYOD zurückzuführen sind.

V8

WES-122826-008

Hinweise zum Datenschutz und Arbeitsregeln bei BYOD mit Schülern

Die Arbeit mit BYOD sollte also aus eben genannten Gründen – und wie wiederholt gesagt – die absolute Ausnahme im Unterricht bleiben. Zu berücksichtigen ist auch, dass das **Smartphone** in den Besitz und die **Privatsphäre des Kindes** fällt. Es muss auf den Umgang mit persönlichen Daten beim Filmen geachtet werden und darauf, dass in der Gruppenarbeit keine persönlichen Bilder oder Dateien entstehen, die nicht sachbezogen sind und in den Umlauf kommen könnten. Schüler akzeptieren die an sie gestellten Regeln durchweg, wenn sie klar formuliert sind. Folgende **Regeln** sollten Sie aufstellen, wenn Sie mit **BYOD** arbeiten:

Regeln zur Arbeit mit BOYD

- Das Smartphone und Tablet wird nur in absoluten Ausnahmefällen genutzt, um ein Unterrichtsprojekt voranzubringen.
- Es werden niemals Fotos oder Aufnahmen von Mitschülern gemacht.
- Es darf nur die Person gefilmt werden, der das Endgerät gehört.
- Das in der Gruppe genutzte Endgerät ist ein Privateigentum, das es zu achten gilt. Es wird nicht weggenommen und nur mit Einverständnis der Besitzerin/des Besitzers genutzt.
- Es dürfen keine sozialen Netzwerke (z. B. Instagram, Facebook usw.) oder Kommunikationsmessenger (z. B. WhatsApp, Snapchat usw.) genutzt werden.
- Geistiges Eigentum muss gewahrt werden (Bilder, Videos, die bereits auf dem Smartphone oder Tablet sind).
- Es empfiehlt sich, besonders sensible Daten vom in die Schule mitgebrachten Endgerät zu entfernen (Keine Privatfotos, die keiner sehen soll).

Die Liste ließe sich sicher noch erweitern. Mit diesen basalen Regeln sensibilisieren Sie Ihre Schülerinnen und Schüler für grundlegendes Medienverhalten, wie es in unserer Gesellschaft immer selbstverständlicher wird und durch die zunehmende Digitalisierung der Arbeitswelt auch werden muss. Sie leisten damit also bereits einen wichtigen **Erziehungsauftrag** im Bereich **Medienbildung**.

Bei aller notwendigen Sensibilität für Daten sollten wir jedenfalls keine Problematisierungsspirale entstehen lassen. Sonst könnten wir mit Schülergruppen auch nicht ins Schwimmbad oder in den Hochseilgarten, da dort die Gefahren sicherlich unmittelbarer sind. Und natürlich haben übermäßige Bedenken meist zur Folge, dass eines durch angespannte Stimmung verloren gehen könnte: die Lust am Video. Das kann nicht das Ziel sein. Die Erfahrung mit Schüler-Lernvideoproduktionen zeigt, dass sich ein Vertrauensvorschuss lohnt.

Legetrickvideo als Vorteil in Bezug auf Datenschutz

Wenn Sie zu große Bedenken haben bezüglich des Datenschutzes, reagieren Sie einschränkend: Raten Sie Ihren Schülern einfach von vorneherein dazu, ein neutrales, analoges oder digitales Legetrickvideo zu machen. Der Vorteil: **Keine Personen werden gefilmt**, die Audiospur ist neben der sichtbaren Hand und Handschrift der einzige klar personalisierbare Datenteil. Entsprechend entstehen keine Daten, deren Kursieren bedenkliche Folgen haben kann. Sie sollten diesbezüglich aber berücksichtigen, dass die Stimmaufnahme von der Schülerin oder dem Schüler gemacht wird, der bzw. dem das Endgerät auch gehört.

4. Schritt-für-Schritt-Anleitung: Videoproduktion mit Schülern im Unterricht in Einzelschritten

V8

WES-122826-008

Grundsätzlich empfehlen wir Ihnen, **zunächst selbst ein Erklärvideo zu machen**, bevor Sie sich mit Schülerinnen und Schülern an ein solches Projekt wagen. Denn die Erfahrungen, Schwierigkeiten und Erfolge, die Sie hier machen, erleben und sehen, können Sie schlichtweg **nicht kompensieren**. Sie müssen keine aufwendigen Streifen produzieren. Es genügt, sich mit einfachen Vorträgen oder Legevideos einmal einen Überblick zu verschaffen.

Wollen Sie anschließend ein Lernvideo mit Schülern aufnehmen, sind in der Regel **folgende Unterrichtsschritte** notwendig, die nachfolgend mit Materialeinsatz erläutert werden. Das kleinschrittige Vorgehen kann – je nach Vorwissen und Klassenstand – an gegebener Stelle verkürzt werden:

1. Lernvideos anschauen und analysieren/am Modell lernen
2. Den Auftrag geben
3. Brainstorming, Ideen sammeln, Material sichten (bzw. Recherche)
4. Ein Skript erstellen/den Text vorformulieren
5. Materialien sichten, das Video aufnehmen
6. Das Video produzieren und nachbearbeiten
7. Elterngenehmigung einholen und Videos bereitstellen
8. Selbsteinschätzung und Benotung

Erster Schritt: *Lernvideos anschauen und analysieren/am Modell lernen*

Zu Beginn sollten die Schülerinnen und Schüler über bestehende Lernvideos sprechen, indem sie diese sehen und analysieren. Dadurch sind ihnen die Leistungs- und Bewertungskriterien gleich eingangs bekannt. Weiterhin sensibilisieren Sie Ihre Schüler für die verschiedenen Mittel, die ihnen zur Verfügung stehen.

V9

WES-122826-009

Für dieses Lernen am Modell können Sie eines unserer Videos nutzen: „Das schlechteste Erklärvideo der Welt“. Es missachtet absichtlich alle grundlegenden Kriterien eines guten Erklärvideos im Sinne der **Kopfstandmethode**, denn ein Video **minderer Qualität** stellt die erwünschten Kriterien nochmals klarer heraus. Es eignet sich folgender **mündlicher** Auftrag, der mehrere Unterrichtsschritte beinhaltet:

- *Wie hat euch das Video gefallen? Begründet eure Meinung und äußert euch zur Machart des Erklärvideos.*
- *Nennt alle Fehler, die in diesem ausgesprochen schlechten Erklärvideo zu finden sind.*
- *Sammelt nun ausgehend von den Fehlern in einer Mindmap Merkmale, die ein besonders gutes Lernvideo aufweisen sollte.*
- *Überlegt, welche anderen Darstellungsmöglichkeiten euch noch zur Verfügung stehen, wenn ihr selbst ein Video machen solltet. Denkt hierbei auch an Clips, die ihr aus sozialen Netzwerken kennt.*

Mit dem Video knüpfen Sie an Sehgewohnheiten der Schüler an; das analysierende Gespräch darüber verdeutlicht aber den entscheidenden Unterschied zur alltäglichen Medienkonsumpraxis, die dadurch rezeptiv verzögert wird. Im Video haben wir keinerlei konzise thematische Klärung vollzogen und den Inhalt weitgehend vernachlässigt. Auch das Überbetonen von Effekten sowie die Lust alle „Outtakes“ zu zeigen sind häufige Schülerfehler, denen Sie hier bereits vorweggreifen, indem Sie sie im Gespräch thematisieren können.

Bezüglich der Darstellungsmöglichkeiten werden die Schüler sicherlich die Legetrick-Technik, Stop-Motion, die gefilmte Tafel oder Person nennen, da sie diese aus eigener Medienerfahrung kennen. Diese einfachen Präsentationsformen eignen sich auch besonders zur Imitation. Mit der anschließenden Merkmalssammlung wird von den Darstellungsmöglichkeiten bereits zu den Qualitätskriterien übergegangen, die bei der eigenen Produktion leitend wirken sollten. Mit folgender Informationsbreite an Merkmalen ist zu rechnen, die an der Tafel gesichert werden könnte:

Was macht ein gutes Lernvideo aus?

Inhalt und Aufbau:

- klar strukturiert und gegliedert (z. B. vom Allgemeinen zum Besonderen)
- verständliche Sprache, angemessen betont und vorgetragen
- Das Thema wird richtig erschlossen und zugänglich gemacht (Erklärung von Fachsprache).
- gezielte Auswahl von Relevantem, Weglassen von Unwichtigem
- Erzähl- und Erklärkunst: unmissverständliche Darstellung von Sachverhalten, originelle Darbietung durch Bilder/Metaphorik usw.
- unterhaltsam und informativ zugleich
- Wichtiges wird wiederholt.

Medieneinsatz und Form:

- passender Medieneinsatz (Musik, Ton und Bild passen zusammen, ohne sich nur zu wiederholen.)
- Visualisierung: Die Bildelemente veranschaulichen das Gesagte überzeugend.
- keine Ablenkung
- Falls Musik vorhanden: Die Musik unterstützt, behindert den Inhalt aber nicht.
- gut gefilmt (Bild wackelt nicht) und vertont (kein Rauschen, angemessene Lautstärke usw.)
- Kürze/nicht zu lang (je nach Thema: Richtwert: 3 – 5 Minuten)
- …

> Ein gutes Video setzt sich meiner Meinung nach aus mehreren Elementen zusammen. Zum einen muss die Qualität und die Lautstärke für den Ton stimmen, zum anderen muss eine Übersichtlichkeit der Folien gegeben sein. Der Zuschauer muss gut folgen können. Im Idealfall werden zusätzlich zu kurzen, aber verständlichen Erklärungen die wichtigsten Aspekte des Themas auf einer Folie festgehalten, sodass diese vom Zuschauer übernommen werden können und im Gedächtnis bleiben. Solche Videos finde ich meist auf YouTube.
>
> Schülerin, die ihre Kriterien für ein gutes Lernvideo nennt (Interview für dieses Heft, August 2018)

Zweiter Schritt: *Den Auftrag geben*

Den Arbeitsauftrag zum Lernvideo können Sie in einem nächsten Schritt über **Arbeitsblatt 1 (S. 85)** geben. Lesen Sie das für alle Gruppen kopierte Blatt gemeinsam. Voraussetzung für den Arbeitsauftrag ist natürlich, dass Sie die Schülerinnen und Schüler in das **Rahmenthema eingeführt haben**, von dem das Erklärvideo handeln soll. Eine Spezifizierung des Arbeitsauftrags kann mündlich erfolgen. Er ist bewusst so allgemein formuliert, dass er auf die meisten Themen übertragbar sein müsste. Die auf dem Arbeitsblatt enthaltenen Lücken ermöglichen eine Spezifikation von Thema und Zeitrahmen für die Herstellung. Es kann überdies ein reizvoller Zusatz sein, dass die Laufdauer des Erklärvideos ebenfalls zeitlich begrenzt wird (z. B. 2 Minuten), da die Auswahl und Priorisierung bestimmter Informationen ein Teil der Anforderung ist.

Sind die Schülerinnen und Schüler noch in der **Unterstufe**, empfiehlt es sich, vorab eine **Vorübung zur Videoproduktion** zu machen, die mit **Arbeitsblatt 1 (S. 85)** angeleitet werden kann. Legen Sie fest, welche Kompetenzen Sie in der Einheit fördern (vgl. S. 58) und berücksichtigen Sie hierbei, ob die Schüler schon einmal ein Erklärvideo bei einem Kollegen oder einer Kollegin gemacht haben.

Hinweise zur Gruppeneinteilung
Es empfiehlt sich, in **Kleingruppen** von zwei bis maximal vier Schülerinnen und Schülern arbeiten zu lassen. Bei der Gruppeneinteilung müssen die technische Ausstattung und Vorwissen im Bereich Filmnachbearbeitung unbedingt berücksichtigt werden (Wer hat schon mal einen Film gemacht und nachbearbeitet? Hat die Schule eigene Tablets? Soll nach dem Prinzip BYOD gearbeitet werden? Welche Schülerin/welcher Schüler kann was beitragen? Wer kann ein Tablet mitbringen? Wer schreibt das Skript? Wer präsentiert? Wer filmt? Wer bearbeitet nach? usw).

Da mit zwei bis vier Schülern gleich mehrere Köpfe und Talente am Projekt mitwirken, ist arbeitsteiliges Vorgehen auch während des Arbeitsprozesses durchaus wichtig und Teil der Aufgabe. Ob die Lehrkraft die Einteilung von Gruppen und Aufgaben aus eigener Erfahrung und nach Maßgabe bestimmter Kompetenzen vorgibt oder die Schülerinnen und Schüler selbst zusammenfinden lässt, hängt von der jeweiligen Klassen- und Schülersituation ab. Die **Zusammenstellung beeinflusst mit Sicherheit den Gruppenerfolg**. So sehr ein erfolgreiches Lernvideo für Begeisterung sorgt, so sehr wird Misslingen sich auf die Gruppe niederschlagen. Daher sind die Überlegungen zur Gruppenarbeit ein wichtiger Teil Ihrer Vorbereitung (wer sollte besser nicht zusammenarbeiten? usw.).

Es gibt in jeder Klasse Konstellationen, die einen Projekterfolg unwahrscheinlicher machen. Vermeiden Sie solche Konstellationen oder weisen Sie die Gruppe von Beginn an darauf hin, dass Sie Bedenken haben, aber eine Chance geben wollen. Mit dieser Strategie können Sie später ganz einfach und ohne große Widerworte rechtfertigen, die Gruppe aufzuteilen und mit anderen zu durchmischen. Sie haben schließlich den Versuch gewährt und beschützen die Schülerinnen und Schüler vor sich selbst (und einer womöglich schlechten Note).

Hinweise zum zeitlichen Rahmen (ca. 6 – 10 Schulstunden)
Ein zeitlicher Rahmen von weniger als sechs Schulstunden ist keinesfalls realistisch und auch bezüglich der Videoqualität nicht förderlich, selbst wenn davon ausgegangen wird, dass z. B. Teile von Recherchearbeiten in Hausaufgabenform aus dem Unterricht ausgelagert werden könnten. Fakt ist: Weniger Zeit mindert auch die Bewertungsanforderungen, die an die Schülerinnen und Schüler gestellt werden können.

Für einen **Zeitrahmen von sechs Schulstunden** eignet sich der **analoge Legetrick** sowie das einfache Filmen von eigenen Anschrieben und Vorträgen.

In einem zeitlichen Rahmen von **zehn oder mehr Schulstunden** kann das Video auch eine Leistungsmessung vom Gewicht einer Klassenarbeit darstellen (vgl. S. 69), die zudem einmal im Schuljahr für ein selbst organisiertes Lernen sorgt. Gleichzeitig steigert die zur Verfügung gestellte Zeit nicht nur die **Qualität**, sondern erfahrungsgemäß auch die **Zufriedenheit** und die Anforderungen, die von allen an die Videos gestellt werden. Da ein Lernvideo viele Kompetenzen fördert, muss auch Zeit sein, diese Teilaspekte zur Entfaltung zu bringen.

Dritter Schritt: *Brainstorming, Ideensammlung und Material sichten*
Sobald sich die Gruppen zusammenfinden, werden die Heranwachsenden überlegen, welche Form und welchen Stil sie wählen, um das Thema zu präsentieren. Auch eine Mindmap oder ein loses Brainstorming kann helfen, erste Ideen zu verschriftlichen. Begrenzen

Sie diesen Arbeitsschritt unbedingt auf 30 Minuten, weil sich die Ideen sonst unrealisierbar auftürmen (was zu Frust führen kann). Auch ein Blick in die von Ihnen gestellten Materialien zur Einarbeitung oder zur Wiederholung des Themas sollte dann der Folgeschritt sein. Falls die Einarbeitung frei erfolgt, kommt als nächster Schritt die Recherchearbeit:

Optionaler Zusatzschritt: *Recherche, Bibliografie und Zitierweise*

Für naturwissenschaftliche Lernvideos kann dies im Einzelfall vielleicht sogar unnötig sein, da Quellangaben oder Rechercheteile bei manchen problemorientierten Themenstellungen oder Videos zu Versuchen ggf. nicht erforderlich sind. Dies mag auch zutreffen, wenn das Video eine bereits abgeschlossene Unterrichtseinheit sichern soll (mit den im Unterricht zur Verfügung gestellten Materialien). Es sollte in jedem Fall berücksichtigt werden, dass die Einführung in Grundlagen von Zitierweise, Recherche und Bibliografie allesamt extra Arbeitsschritte sind, die zusätzlichen Zeitbedarf erforderlich machen. Die Recherche selbst könnte in Hausaufgaben ausgelagert oder während der ersten Projektarbeitsstunde in Eigenarbeit verteilt im PC-Raum erfolgen.

Vierter Schritt: *Ein Skript erstellen (und besprechen)*

Nach einer Phase des gemeinsamen Gesprächs und **Brainstormings** in der Gruppe geben Sie mit **Arbeitsblatt 2 (S. 86)** in einem nächsten Schritt die Vorlage für ein **Skript (oder Storyboard)** aus. Dieses beinhaltet neben einer inhaltlichen Gliederung bereits die optischen und akustischen Gestaltungselemente sowie den Materialbedarf, der für die nächste Stunde wichtig ist. Es könnten in Form einer Zwischenpräsentation einzelne Skripte im Plenum besprochen werden. Leitende Fragen wären hierbei, ob die gewählte Gliederung sinnvoll ist und das Thema voraussichtlich hinreichend erschlossen wird.

Bestehen Sie unbedingt darauf, dass das **Gesprochene einmal schriftlich fixiert wird, wenn auch nur stichpunktartig**.

Darüber hinaus sollten Sie in jedem Fall betreuend in den Gruppen wirken, da nunmehr eine freie Projektarbeit eingeläutet wird, in der Inhalte nicht mehr frontal vermittelt werden. Ihre Rolle ist nunmehr die des Beobachters, Betreuers, Beurteilers, Impulsgebers, Erziehers und Diagnostikers.

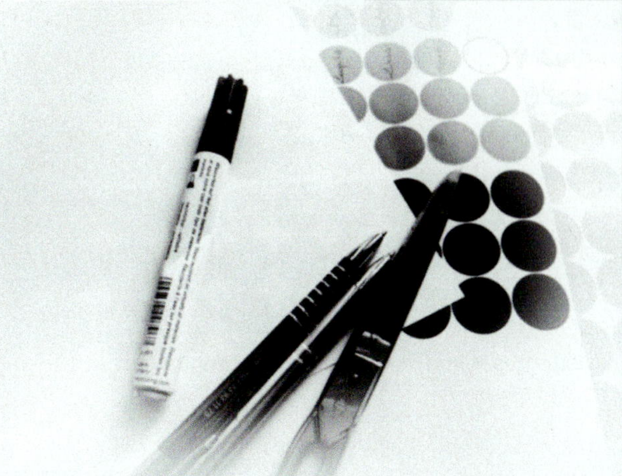
Materialien selbst erstellen

Fünfter Schritt: *Materialien erstellen, das Video aufnehmen*

Sobald die Schülerinnen und Schüler ihre Inhalte ausgewählt und gegliedert haben, werden sie vermutlich noch **Materialien** wie Kärtchen (Legetrickvideo) **erstellen** müssen oder sich einen geeigneten Drehort suchen (abgefilmter Vortrag). Es macht auch hier Sinn, die räumliche und materielle Stundenstruktur als Vorbereitung anzusehen und nicht erst ad hoc zu klären, wer, wo, wie und womit arbeitet, weil dadurch sehr viel Durcheinander und Stress entstehen.

Kleidung und Inszenierung der Vortragenden – sofern zu sehen – spielen z. B. im Hinblick auf das Thema eine Rolle, wenn sich eine Gruppe für einen gefilmten Vortrag entscheidet.

Stellen Sie außerdem sicher, dass genügend **Karton, Scheren und schwarze Marker** vorhanden sind, wenn ein Legevideo das Ziel ist. Es empfiehlt sich, einen **großen weißen Karton** (z. B. Tonpapier oder dickeres DIN-A3-Papier) als Unterlage zu nehmen, auch ein

Das Tablet auf einem Stativ

Stativ ist fast unerlässlich, da die Aufnahme sonst verwackelt. Mittels ein paar **gestapelter Bücher** ist für den Legetrick schnell eine einfache **Alternative zum Stativ** geschaffen. Stative sind mittlerweile bezahlbar und lohnen die Anschaffung (ca. 15–20 Euro bei großen Onlineversandhändlern).

Flexible Raumsituation
Während der Videoaufnahmen sollte es Ihren **Schülerinnen und Schülern** möglich sein, das Raum- und **Klassenkontinuum zu verlassen**, da für die Aufnahmen Ruhephasen am jeweiligen Drehort erforderlich sind. Falls Sie auf dem Schulhof oder in der Schule nicht genügend räumliche Ausweichmöglichkeiten vorfinden, kann ein von Ihnen arrangierter Zeitplan helfen, auf dem die Gruppen sich eintragen, wann sie in einem bestimmten Raum drehen. Lassen Sie sich über **alle Orte informieren** und **besuchen** Sie jede Gruppe im Laufe der Produktion. Schulrechtlich abgesichert sind wir auch hier, da Schülerinnen und Schüler sich permanent beaufsichtigt fühlen müssen, das impliziert faktisch, dass Sie nicht ständig mit ihnen in einem Raum sein müssen. Und gerade bei Klassen, die zum ersten oder zweiten Mal ein Erklärvideo machen, werden Sie überrascht sein, wie konzentriert da gearbeitet wird. Ein klarer Zeit- und verbindlicher Regelrahmen sind hierfür aber Voraussetzung.

Ein externes Mikrofon verbessert die Tonqualität.

Vertonung und Musik
Ruhe ist insbesondere für die Vertonung wichtig, da Nebengeräusche sonst auf dem Video zu hören sind. Die Vertonung kann bei **gefilmten Livevorträgen simultan** erfolgen – bei einem **Kartenlegevideo vertont man in der Regel im Nachhinein**. Die Vertonung im Nachhinein hat als extra Arbeitsschritt den Vorteil, dass die Konzentration auf das Sprechen gelegt ist, während der gefilmte Sprecher alle Dinge gleichzeitig im Blick haben muss. Hier werden daher mehrere Versuche des Filmens notwendig sein.

Stellen Sie sicher, dass die Schüler in einem Abstand von ca. 25 cm mit gleichmäßig lauter Stimme einsprechen und Nebengeräusche minimiert werden. Die Aufnahmefunktion in Bearbeitungsprogrammen wie *Power Director* oder *iMovie* ist geradezu selbsterklärend.

Es steht Ihren Schülern natürlich offen, auch **Musik** oder Sounds zu verwenden. Da die Konzentration auf den Bildungsinhalten liegt, sollten Sie aber intervenieren, wenn Charts-Musik nur aus Geschmacksgründen unter das Video gelegt wird. Gegen eine leise Hintergrundmusik, die das Video unterstützt, ist prinzipiell nichts einzuwenden (selbst wenn die Meinungen unter Erklärvideo-Machern auch hier auseinandergehen). Achten Sei aber darauf, dass Rechte Dritter nicht verletzt werden.

Rückmeldungen
Wichtig ist, dass bereits gedrehte Aufnahmen Ihnen und anderen Gruppen als Zwischenergebnis gezeigt werden, damit nicht der fertige Film Anlass für eine erste Rückmeldung ist – das könnte bei weniger starken Gruppen verheerend sein. Eine frühzeitige Rückmeldung

trägt dazu bei, Fehler noch beheben und von anderen Ideen profitieren zu können. Wichtig ist, dass der Einsatz von Bild, Text und Audio funktional zum Thema steht und keinen effekheischenden Selbstzweck beansprucht. Berücksichtigen Sie schon beim Filmen die unterschiedlichen technischen Voraussetzungen (Endgeräte, Software usw.), auf die bereits auf **S. 58 f.** eingegangen wurde.

Sechster Schritt: *Das Video schneiden, nachbearbeiten und produzieren*

Bei der Nachbearbeitung von Lernvideos gibt es viele Gestaltungs- und Produktionsmöglichkeiten: Die Programmwahl hängt aber vom benutzten Betriebssystem ab.

Nachbearbeitung

iMovie ist auf Apple-Geräten bereits vorinstalliert. Ein vergleichbares Pendant bei Android namens *Power Director* ist in Testversion (mit Wasserzeichen) kostenlos downzuloaden. Beide sind gut geeignet, das Pendant auf Windows-PCs ist der *Windows Movie Maker*.

Eine konkrete Produktschulung (Vorstellen von Apps) ergäbe innerhalb dieses Hefts keinen Sinn, da sich die Versionen und möglichen Programme verändern. Einige grundlegende Hinweise zu *Power Director* und *iMovie* finden Sie in der Schritt-für-Schritt-Anleitung für Lehrkräfte auf S. 50.

Schülerinnen und Schüler kommen sogar ohne genaue Anleitung mit den Programmen zurecht, da die Erstellung des Videos vermutlich von einfachen Live-Präsentationen über Legetricks reicht – insofern werden nur wenige Nachproduktionsschritte erforderlich sein. Weiterhin verfügen die Programme über eigene, sehr gute Tutorials, die bei erstmaligem Öffnen die wichtigsten Bearbeitungsmöglichkeiten erläutern. Hier gilt: Je mehr Selbstständigkeit man den Schülerinnen und Schülern abverlangt, desto mehr werden sie diese auch wahrnehmen. Die Grundfunktionen sollten ihnen aber bekannt sein (z. B. Wie schneidet man eine Spur zu? Wie vertont man? Wie produziert man das Video?).

Siebter Schritt: *Genehmigung der Eltern, Bereitstellung und Veröffentlichung der Videos*

Die Präsentation und gemeinsame Beurteilung setzen voraus, dass die Videos den Lehrkräften abgegeben oder bereitgestellt wurden. Falls Sie für die Präsentationen im Klassenraum einen PC besitzen, der mit einem Beamer verbunden ist, könnten Sie die Abgabe über einen USB-Stick im Vorfeld der Stunde fordern. Falls die Schule über *Moodle*, eine *One-* oder *Next-Cloud* verfügt, könnten die Videos direkt hochgeladen werden.

Eine **Genehmigung durch die Eltern**, dass Sie die **Videos** vor der Klasse oder in späteren Unterrichtszusammenhängen (Intranet der Schule) **zeigen** dürfen, ist aber in jedem Fall unerlässlich. Sie sollen sich bereits **vor Beginn der Einheit** die Durchführung genehmigen lassen. Hierfür genügt ein Vordruck, wie er in Arbeitsblatt 4, S. 88, angelegt ist. Dieser basiert auf einem Vorschlag des Landes Baden-Württemberg, den Sie unter folgendem Link einsehen können:
https://lehrerfortbildung-bw.de/st_recht/urheber/urh/nutz_intra/ (letzter Aufruf: 12.6.2019)

Beachten Sie in diesem Zusammenhang auch die spezifischen Altersvorgaben, die von der **DSVOG des Kultusministeriums** (vgl. Datenschutz Grundverordnung DSGVO, 2018) wie folgt festgelegt wurden:

<table>
<tr><th colspan="3">Einwilligung nach VwV Datenschutz an Schulen – II.1-5.12.2014 und KunstUrhG § 22</th></tr>
<tr><td>Alter SuS</td><td>Veröffentlichung von Fotos, Filmen, sonstigen digitalen Medien</td><td>Veröffentlichung von Namen</td></tr>
<tr><td>bis 14 Jahre</td><td colspan="2">nur Einwilligung der Erziehungsberechtigten erforderlich</td></tr>
<tr><td>14 – 16 Jahre</td><td rowspan="2">Einwilligung der Erziehungsberechtigten und der SuS erforderlich (falls erforderliche Einsichtigkeit vorhanden)</td><td>nur Einwilligung der Erziehungsberechtigten erforderlich</td></tr>
<tr><td>16 – 18 Jahre</td><td>SuS üben alle Rechte selbst aus (falls erforderliche Einsichtigkeit vorhanden).</td></tr>
<tr><td>18 Jahre</td><td colspan="2">SuS üben alle Rechte selbst aus.</td></tr>
</table>

Achter Schritt: *Selbsteinschätzung und Benotung*

Mit einem Selbsteinschätzungsbogen kann über **Arbeitsblatt 3 (S. 87)** das fertige Video durch die Schülerinnen und Schüler beurteilt werden. Indem die Lehrkraft den fiktiven Rahmen einer Oscarverleihung vorgibt, wird den Schülerinnen und Schülern in spielerischer Form eine plastische Rückmeldung gegeben, die sich meist mit der Wahrnehmung der Lehrkraft deckt. Da die Lernenden über das Material auch zur Bewertung ihres eigenen Videos aufgefordert werden, kann der Bogen im Gespräch über die später erzielte Note herangezogen werden. Hierbei zeigt die Erfahrung, dass Schülerinnen und Schüler sich eher schlechter einschätzen.

Um ein Lernvideo zu bewerten, sollten folgende Kriterien zugrunde gelegt werden, die der Einschätzungsbogen beinhaltet:

Aufbau: Wird das Thema eingangs genannt? Werden die Ergebnisse zusammengefasst? Folgt das Video einem logischen Verlauf? Ist die Gesamtlänge angemessen?
Bild- und Audioqualität: Ist das Gefilmte klar erkennbar? Ist der Bildausschnitt passend gewählt worden? Ist das Bild stabil (wackelt nicht) und scharf genug? Ist die Sprache verständlich gesprochen (laut genug)? Wurde passend betont?
Inhaltliche Durchdringung: Wurden wesentliche Inhalte angesprochen? Ist das Gezeigte und Gesagte richtig? Wurde auf geeignete Fachsprache geachtet? Wurde das Thema angemessen erarbeitet und verstanden?
Erklärungsqualität: Wurde der Inhalt verständlich? Wurden Fachbegriffe sachgemäß erläutert? Sind auch Menschen, die dem Thema fern sind, in der Lage, es durch das Video zu verstehen?

Präsentationstechnik (Angemessenheit, Anschaulichkeit und Kreativität):
Wurde eine geeignete Form für die Präsentation gewählt? Passen die Visualisierungen zum Inhalt? Sind kreative Elemente vorhanden? Ist die Präsentation angemessen, lenkt also nicht vom Thema ab, sondern unterstützt sie?

Hinweise zu Schüler-Lernvideos als Form der Leistungsüberprüfung
Die Leistungsermittlung in der Schule zielt gegenwärtig nach wie vor auf punktuelle und terminbezogene Abprüfung von zuvor Gelerntem ab. In Klassenarbeiten soll Wissen zum einen reproduziert und zum anderen in neuen Zusammenhängen angewendet und transferiert werden. Die zunehmende Gewöhnung an derartige Drucksituationen soll ferner auf die Leistungsgesellschaft vorbereiten. Leider führt das Überprüfungsformat immer wieder zu falschem Lernverhalten: Es wird kurz vor der Klassenarbeit auf den Nachweis hin gelernt, sodass nur wenige Zeit später das Gelernte wieder in großen Teilen vergessen wird. Zu attestieren ist der gegenwärtigen Leistungsprüfung weiterhin, dass sie im Kern darauf beruht, psychischen Druck alltagsfähig zu machen.

Das von Schülerinnen und Schülern erstellte Lernvideo kann die Klassenarbeiten und Klausuren sicherlich nicht gesamtsystemisch ersetzen. Es kann aber eine gelungene Ergänzung zur klassischen Leistungsmessung sein. Neben einer höheren Arbeitsmotivation und weniger Druck ist zu bemerken, dass hier die freiere Zeiteinteilung sowie individuelle Wahlmöglichkeiten innerhalb von arbeitsteiliger Gruppenarbeit mit in die Benotung fallen und sich meist positiv auswirken.

Die Benotung eines Lernvideos sollte mehrere Teilnoten enthalten, um der spezifischen Gruppendynamik Rechnung zu tragen: Es empfiehlt sich eine **Prozess- und eine Produktnote**. Bei letzterer wird der fertige Film bewertet, den die Gruppenteilnehmer allesamt zu verantworten haben. Diese Note wird innerhalb der Gruppe daher identisch sein. Die Prozessnote, die *mindestens* 50 % der Gesamtnote ausmachen sollte, zeigt hingegen an, wie sich Einzelne in der Gruppe eingebracht haben. Hier werden ausgesprochen starke Unterschiede zu bemerken sein. Diese Benotungsart impliziert auch, dass die Lehrkraft in besonderer Weise dazu aufgefordert ist, die Gruppenarbeit zu beobachten, und sich bei der Abgabe nochmals über die Teilleistungen erkundigt (wer ist für was verantwortlich?). Weiterhin ist die bzw. der Unterrichtende frühzeitig in der Hinweispflicht, falls sich einzelne Gruppenmitglieder nur im Elan der anderen sonnen. Eine schriftliche, stichpunktartige Dokumentation des Prozesses macht die spätere Rückmeldung valide. Die Kriterien der Benotung sollten den Schülerinnen und Schülern unbedingt – bereits zu Beginn – offengelegt werden (siehe Kasten am Ende von Arbeitsblatt 1, S. 85). Um eine realistische Selbsteinschätzung zu fördern, empfiehlt sich weiterhin eine abschließende Oscarverleihung, die mit Arbeitsblatt 3, S. 87, durchgeführt werden kann. Hier bewertet die Klasse anhand von Punkten alle Filme. Die Methode gewährleistet einen spielerischen Rahmen für eine wichtige Form der Selbstreflexion. Die Ergebnisse können gleichsam später Teil des Notengesprächs sein, denn die Gruppe wird ihren Film sowohl durch die Klasse als auch die eigene Einschätzung gespiegelt sehen. Dies führt innerhalb der Lerngruppen zu größerer Einsicht und besserem Nachvollzug der Benotung.

5. Vorentlastung zum ganzen Video in der Unterstufe: weitere Möglichkeiten, Arbeitsaufträge zu stellen

Die Videoproduktion verlangt Schülerinnen und Schülern – wie bereits gesagt – sehr viele Kompetenzen ab (vgl. S. 58). In einer Unterstufenklasse ist es daher sicherlich von Vorteil, zunächst Einzelkompetenzen zu extrahieren. Hierfür können Sie eine der nachfolgenden Übungen nutzen. Der Einsatz dieser Übung eignet sich nicht nur für den Fachunterricht, sondern natürlich auch für Medienbildung, ITG, Klassenlehrerstunden und Ähnliches.

V10

WES-122826-010

Aufgabe 1: Vorübung – ein fertiges Video vertonen

Video 10 (Übung) könnte in der fünften oder sechsten Klasse eingesetzt werden, um das Thema „Regeln im Unterricht" vorzustellen, wobei die Videospur mit Visualisierung bereits vorliegt und die Schüler in Kleingruppen einen synchronen Text entwickeln müssen, den sie einsprechen. Somit liegt der Fokus auf Gliederung, Vertonung und Produktion des Videos. Die an die Lernenden zu gebende Aufgabe lautet:

- *Ihr seht ein tonloses Video zum Thema „Regeln im Unterricht". Ergänzt das Video um die fehlende Tonspur. Nehmt hierfür in Partnerarbeit oder Kleingruppen eine Audiodatei auf, die ihr aus zuvor festgehaltenen Stichpunkten und Textteilen entwickelt. Achtet darauf, dass ihr klar, langsam, fehlerfrei und deutlich sprecht. Betont wichtige Worte besonders. Hinweise zur Aufnahmetechnik kann auch eure Lehrkraft geben.*

Aufgabe 2: Legetrickvideo und Ton aus vorgefertigten Materialien herstellen

Mit Arbeitsblatt 5 (S. 89) können Sie außerdem Bilder für einen Legetrick zum Thema „Wie hält man ein Referat?" nutzen. Die damit verbundene Aufgabe lautet:

- *Schneidet die auf dem Arbeitsblatt 5 zu sehenden Bilder aus. Nutzt sie als Vorlage für ein Erklärvideo zum Thema: „Wie hält man ein gutes Referat?" Für euren Legetrick müsst ihr also einen geeigneten Text vorbereiten, der zu den Bildern passt, eine Audiospur aufnehmen und das Ganze zum Schluss nachbearbeiten. Ihr dürft natürlich auch Dinge selbst zeichnen, schreiben und ergänzen. Eure Lehrkraft hilft, wo es nötig ist.*

VI. Einsatzmöglichkeiten des Erklärvideos im Unterricht

V11

WES-122826-011

> […] Mein großes Ziel ist, dass Lernende in der Planung ihrer Lernprozesse eigenständiger werden. In diesem Prozess sind Erklärvideos für mich sehr wichtig, weil sie Erklärungen dann bereitstellen, wenn eine Schülerin oder ein Schüler sie benötigt. Wenn ich beispielsweise mit einem Lernenden einen Aufsatz bespreche, in dem sich bestimmte grammatikalische Fehler häufen und die Schülerin oder der Schüler davon selbst genervt ist und es besser machen möchte, dann ist es genial, auf ein gutes Erklärvideo verweisen zu können. Die Chance, dass die Erklärung verstanden und motiviert angeschaut wird, ist viel höher, weil der Zeitpunkt richtig ist.

Marcus von Amsberg, Gründer der werbe- und kostenfreien Plattform Ivi Education, Interview für dieses Heft, August 2018

1. Flipped Classroom – das Erklärvideo als Hausaufgabe

A. Hausaufgabe als Wissensinput nach dem Modell des Flipped Classroom

In Zeiten von WhatsApp-Gruppen ist die **klassische Hausaufgabe**, die auf Übung, Wiederholung und Vertiefung des Lernstoffs angelegt ist, **problematisch** geworden. Gerade im Fall von Übungen, die eher monokausale Lösungswege und das Eintragen von richtigen Ergebnissen erfordern (Lückentext, einfache Rechnung), werden **Hausaufgaben** abfotografiert, in die Klassengruppe gestellt und dann **abgeschrieben**. Die Lehrerappelle an den Nutzen der Hausaufgaben werden von Schülerinnen und Schülern und Eltern mit einverständigem Kopfnicken abgesegnet und doch: Das Problem bleibt bestehen.

Und selbst Schülerinnen und Schüler, die ihre schriftliche Hausaufgabe erledigen wollen, haben häufiger Schwierigkeiten: Sie sitzen gerade in naturwissenschaftlichen Fächern mit ihren **Verständnisschwierigkeiten** alleine zu Hause. Und wenn wir gerechte und gleiche Bildung als Ideal anlegen, sind natürlich diejenigen im Nachteil, die Hilfe bei ihren Eltern nicht bekommen können. Das ist alltägliche Schulrealität.

Diesen beiden Problemen begegnet das Modell des **Inverted oder Flipped Classrooms** durch **Lernvideohausaufgaben**: Wenn ein Erklärvideo als Hausaufgabe gegeben wird, kann die bislang vorherrschende schulische Lernsituation buchstäblich umgedreht werden. Nun erfolgt im Sinne des Flipped Classroom der Wissensinput zu Hause in Form eines digitalen Lehrervortrags samt Begleitaufgaben, den Schülerinnen und Schüler beliebig oft ansehen können, bis sie ihn verstanden haben. Und umgekehrt findet die Lehrkraft im Unterricht dann automatisch eine betreute Situation der Anwendung, Übung und des Fragens vor – etwa nach dem Modell eines **Differenzierungsunterrichts**.

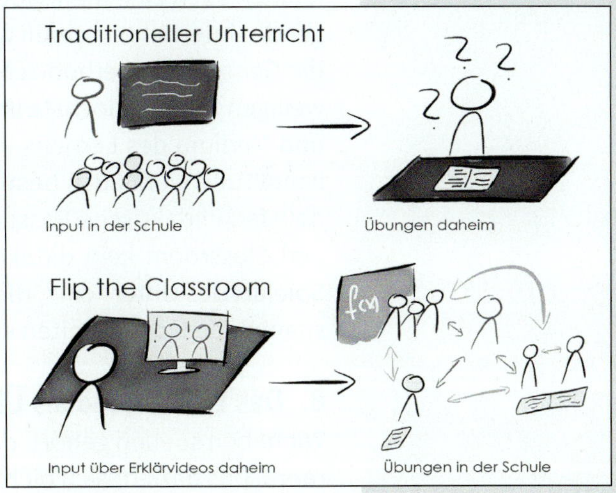

Flipped Classroom, Visualisierung von F. Fähnrich und C. Thein

Felix Fähnrich und Carsten Thein

In diesem Sinne sind Sie Lernbegleiterin/Lernbegleiter, die/der auf individuelle Probleme reagiert und das Üben und Verstehen unterstützt. Die mehrmals mit dem MINT-Preis ausgezeichnete Umsetzung des Flipped Classroom wirbt außerdem mit einem Zeitgewinn im Unterricht (vgl. hierzu: http://www.fliptheclassroom.de/). Grundsätzlich lässt sich eine höhere Eignung für Fächer wie Mathematik und Physik feststellen. Im Fach Deutsch ist **Flipped Classroom** bspw. nicht dauerhaft denkbar.

Zwei mit diesem Prinzip in der Sekundarstufe II in Mathematik langjährig erfahrene Gymnasiallehrer sind **Felix Fähnrich und Carsten Thein** (siehe Foto). Laut ihren Angaben ist es für den Aufbau dieser Videos sinnvoll, dass sowohl eine Einführung in neue Problem- oder Wissenszusammenhänge als auch damit verbundene Übungen enthalten sind, um Schülerinnen und Schüler nicht zu rein passiver Rezeption anzuleiten. Eine solche videobasierte Lernsituation lässt sich, so die beiden Gymnasiallehrer weiter, auf das aktuelle Lehrwerk abstimmen; diesbezüglich sind fremdhergestellte Videos (z. B. vom Schulbuchverlag) zwar denkbar, selbst gemachte Videos lassen sich aber besser auf den eigenen Unterricht abstimmen. Auch eine entsprechende Personalisierung der Videos (z. B. Stimme der Lehrkraft bzw. Sichtbarkeit) sorgt dafür, dass die Schülerschaft den Bezug zur Lehrkraft unmittelbar herstellen kann und die Videos als „für sie gemacht" wahrnimmt.

Kritiker des invertierten Klassenraums weisen darauf hin, dass Lernen dadurch überwiegend deduktiv wird, wohingegen ein induktives, handlungsorientiertes und problementdeckendes Lernen nachweislich viele Vorteile bietet.

Ein solches Video **muss aber gar nicht reine Wissensvermittlung beinhalten** (Wie leitet man eine Funktion ab?), sondern kann auch ein fachliches Problem (Warum steigt warme Luft nach oben?) aufwerfen, das dann Teil der nächsten Stunde ist und gemeinsam überprüft wird. So wäre das Video ein **Gedankenanstoß** und eine **offene Problematisierung**, die Schülerinnen und Schüler in ihrem Forschergeist zu eigenständiger Lösungssuche reizt und sie nicht zu Anwendern eines vorgestellten Wissens reduziert.

Im Unterschied zum Flipped Classroom, der die Erklärvideo-Hausaufgabe zu einem dauerhaften Unterrichtsprinzip macht, müssen Sie ja keineswegs immer so verfahren, sondern können auch eine mehrwöchige Unterrichtseinheit nach dieser Methodik anleiten und folgende Unterrichtsthemen wieder – wie gewohnt – im Plenum unterrichten. Denn es stehen die Gebote der methodischen Vielfalt und der funktionalen Methodenpassung an den jeweiligen Stoff als höchste im Raum. Das Erklärvideo ist letztlich nichts anderes als Methode und Medium des Lernens und wie die Reise in ihren Transportmitteln das Ziel vor Augen kennt (und wohl auch bestimmt!), so sollte die Wahl des Erklärvideos eben diese funktionale fachdidaktische Passung in Bezug auf Lernziele haben. Schließlich ist auch der Flipped Classroom kein didaktischer Heiland, sondern eine situativ, fachlich angemessene Spielart des Unterrichts, die nicht mit dem Bestehenden abschließt, sondern es um neue, spannende Möglichkeiten ergänzt.

B. Das Erklärvideo als Übung – die videobetreute Hausaufgabe mit Lösung

Wir haben soeben gehört, dass man es nicht immer so machen muss wie im Flipped Classroom. Das bezieht sich nicht nur darauf, Videos als Hausaufgabe zu geben, sondern außerdem auf die Art und Weise, wie eine Erklärvideo-Hausaufgabe aussieht. Sie könnten auch

Übungen mit Lösungen als Erklärvideo aufgeben und damit die klassische Hausaufgabe ersetzen. Auch hier begegnen Sie dem Schülerproblem, dass diese mit ihren Verständnisschwierigkeiten alleine zu Hause sitzen. Außerdem gehen Sie das Problem an, dass die Besprechung der Hausaufgaben unheimlich viel Zeit Ihres Unterrichts beansprucht.

An beiden Situationen kann das Übungserklärvideo als Hausaufgabe etwas ändern. Das **Video** könnte wie folgt **aufgebaut** sein: Es gibt eine **Einführung**, die nochmals kurz die im Unterricht behandelten Wissenszusammenhänge wiederholt, die für die Übung in der Hausaufgabe benötigt werden. (Zugegeben sind die Grenzen zur ersten vorgestellten Form des Videos wohl eher als durchlässig zu bezeichnen.) Nun beginnt der eigentliche **Übungsteil**, in dem Schülerinnen und Schüler möglicherweise Beispielsätze zur Grammatik, Quizfragen, Denk- oder Rechenaufgaben lösen müssen. Die Schüler schreiben während des Videos in ihrem Heft die Aufgaben mit, lösen sie und pausieren an Stellen, die von der Stimme mit dem Hinweis zur Pause markiert werden (z. B. „Pausiere nun das Video und löse die Aufgabe."). Danach folgt die jeweilige **Lösung**, die auch eine Erklärung beinhaltet, die Sie sonst im Unterricht bei der Besprechung geben würden. Aber kann man sich darauf verlassen, dass Schülerinnen und Schüler die Aufgaben dann wirklich machen?

Sie haben zwei Möglichkeiten: Entweder Sie verlassen sich auf Ihre Schülerinnen und Schüler und stellen es schlichtweg in deren Verantwortung, dass nicht gemogelt wird. Bei der Überprüfung der Hausaufgabe haben Sie ja die Möglichkeit, anstelle von Lösungen Begründungszusammenhänge abzufragen. Dies kann man nicht abschreiben. Oder Sie arbeiten mit einem sogenannten **H5P-Tool**, durch das Sie diese Pause technisch verbindlich machen können (vgl. hierzu: https://www.medienpaedagogik-praxis.de/2017/05/23/h5p/, letzter Aufruf: 12.6.2019).

Es obliegt grundsätzlich Ihnen, **ob Sie die Lösungen überhaupt mitliefern**. Der Vorteil ist sicherlich, dass Sie Lösungswege im Video direkt erklären können und den Lernenden damit nicht nur eine Kontrolle, sondern auch eine Hilfestellung geben. Der Hinweis „Wenn du diese Übung nicht lösen konntest, wiederhole den Übungsvorgang nun nochmals!" könnte bei einer Rechenaufgabe sinnvoll sein.

Sie werden die **Hausaufgabe** in der kommenden Stunde zwar nicht extensiv durch-, aber dennoch **ansprechen** müssen. Ein Video wird nicht alle Fragen beantworten, aber es wird Ihnen bereits eine Konzentration auf wesentliche Probleme garantieren und vermeintlich einfache Übungen, die sehr viel Zeit in der Besprechung benötigen, ersetzen. Damit haben Sie mehr Zeit für andere Dinge. Und wer hat schon mal über zu viel Zeit im Unterricht geklagt?

2. Differenzieren im offenen Unterricht oder in Erarbeitungsphasen

Bei offenen Arbeitsformen stehen meist längere Erarbeitungszeiträume zur Verfügung, in denen ein Projekt realisiert oder mehrere Aufgaben gelöst werden müssen: Z. B. steht eine Auswahl an Stationen innerhalb eines Klassenraums zur Verfügung, an denen die Schülerinnen und Schüler in Kleingruppen nach und nach zu einem Rahmenthema Wissen generieren, Problemstellungen erfahren und/oder üben. Vom Lernzugang her fokussiert das Stationenlernen meist das Visuelle (Bild und Text), weshalb es z. B. sehr textlastig sein kann. Durch Erklärvideos können nun einige dieser Lernstationen ergänzt werden, sodass der

Stoff abwechslungsreicher (Ergänzung durch Ton) und unter Umständen auch einfacher zugänglich wird. Sie können entweder **Input, Hilfestellungen oder erweiternde Hinweise geben, Arbeitsaufträge vermitteln oder Lösungsblätter ersetzen**. Dadurch, dass Erklärvideos dann an selbst gewählten Zeitpunkten und nach Bedarf die Rolle einer frontal vermittelnden Lehrkraft übernehmen, sind Sie als Unterrichtende in der Lage, stärker als Betreuer, Beobachter und Diagnostiker zu agieren und individuelle Lernprobleme zu begleiten. Sie haben schlichtweg mehr Zeit für Ihre Schüler und deren Schwierigkeiten. Problematisch sind derzeit noch die hohen Anforderungen an die Ausstattung, da jede Station mit Tablets und Internetzugang ausgestattet sein müsste. Auch die Bereitstellung der Videos über eine *Nextcloud*, ein schulisches *Moodle* oder ein anderes Intranet ist noch nicht gang und gäbe. Glaubt man dem Vorhaben der KMK, sollen aber bis 2021 die Schulen flächendeckend über eine digitale Lernumgebung verfügen (vgl. KMK 2016, S. 51), sodass dieser Einsatz durchaus zukunftsweisend sein könnte. Es hat sich bereits in Testphasen bewährt.

Videoeinsatz geht notfalls auch mit einem Laptop im Klassenzimmer.

Hinweis zur Durchführung:
Achten Sie darauf, dass die Schülerinnen und Schüler wirklich zu individuellen Zeitpunkten das Video öffnen. Falls 30 Schüler gleichzeitig ein Video auf 30 Geräten öffnen, wird das Netzwerk sicherlich lahmgelegt. Dieses Vorgehen ist weiterhin wenig sinnvoll, da Sie das Video dann gleich einmal von vorne zeigen könnten.

Bei schlechter technischer Ausstattung könnten Sie alternativ auch ein bis zwei Laptops im Raum aufstellen. An diesen Stationen könnten die Lernenden dann leise oder mit Kopfhörern die Videos anschauen, die sie situativ brauchen. (Mit sogenannten Kopfhörerweichen stellen Sie überdies sicher, dass mehrere Schülerinnen und Schüler gleichzeitig den Ton an einem Laptop anhören können, ohne die anderen beim Arbeiten zu stören.)

A. Das Video als Erinnerung und Hilfe in der Erarbeitungsphase

Erklärvideos bewähren sich also nicht nur als Hausaufgabe. Auch im **Präsenzunterricht** eignen sie sich in besonderer Art und Weise für binnendifferenzierten Unterricht, weil Sie den singulären Lehrervortrag mehrmals abspulbar machen. Wer es beim ersten Mal nicht kapiert, hat noch eine zweite Chance und kommt nicht in die peinliche Situation, immer wieder vor allen nachfragen zu müssen.

Laut Fähnrich und Thein ist es **aber weniger sinnvoll**, ein Erklärvideo **in lehrerzentrierten Phasen** einzusetzen: „Generell raten wir Kollegen davon ab, Erklärvideos in lehrerzentrierten Phasen des Unterrichts einzusetzen. Möchte man der ganzen Klasse einen Sachverhalt vermitteln, dann ist ein live durchgeführter und spontan anpassbarer Lehrervortrag oder ein Lehrer-Schüler-Gespräch einem statischen Video im Regelfall vorzuziehen." (vgl. Interview mit Fähnrich und Thein, August 2018).

Weiter sprechen die beiden Gymnasiallehrer von ihren Erfahrungen mit Erklärvideos als Differenzierungsmedium im Fach Mathematik:

> „Ein einfaches Beispiel hierfür im Fach Mathematik stellt die Wiederholung der Grundrechenarten zu Beginn der fünften Klasse dar. Einige Schülerinnen und Schüler haben erfahrungsgemäß mit einem oder mehreren Verfahren des schriftlichen Rechnens Schwierigkeiten. Anstelle einer frontalen Erklärung aller vier Grundrechenarten durch die Lehrerin oder den Lehrer an der Tafel, die viel Zeit einfordert und für einen Großteil der Lernenden keinen Mehrwert

> bringt, bietet sich eine individuelle Verwendung an. Zunächst lässt man die Schüler einen Einstufungstest bearbeiten, der anschließend mithilfe von ausliegenden Lösungen durch die Schüler selbstständig kontrolliert wird. Anhand der Fehlermenge – und ggf. nach Beratung mit Lehrkräften – stufen sich die Schüler in verschiedene Kategorien ein. So wiederholen die Schüler, die im Test mit einem oder mehreren Verfahren des schriftlichen Rechnens Schwierigkeiten hatten, mithilfe von Erklärvideos, die auf Laptops oder Tablets zur Verfügung gestellt werden, in kleinen Gruppen das richtige Vorgehen. Die anderen Schülerinnen und Schüler erhalten in dieser Zeit entsprechend ihrer Ergebnisse im Einstufungstest Aufgaben mit mittlerem oder höherem Anforderungsniveau und können ihre Fertigkeiten verbessern und vertiefen."
>
> (Interview mit Fähnrich und Thein für dieses Heft, August 2018)

Die beschriebene **Erarbeitungssituation** lässt sich auf verschiedene Unterrichtsstoffe fast aller anderen Fächer übertragen und entspricht einem Differenzierungsunterricht, in dem das Erklärvideo als digitalisierte Erinnerung Grundwissen nochmals erläutert. Die **Binnendifferenzierung** ermöglicht jedem, an seinem eigenen Problem zu arbeiten. Sie ist insbesondere für begabte Schülerinnen und Schüler sehr angenehm, da sie die häufigen Wiederholungen von Grundwissen nicht mitmachen müssen.

B. Das Video als Aufgabe und Lösung beim Stationenlernen

In der soeben beschriebenen Unterrichtssituation ist das Erklärvideo Garant für ein allgemeines Grundwissen, das nicht allen zur Verfügung steht. Es sind aber andere Spielarten denkbar. Auch Aufgaben und Lösungen könnten bei längeren Erarbeitungsphasen in Form von Videos an die Schülerinnen und Schüler weitergegeben werden. Beim Stationenlernen kann dadurch die normalerweise vorherrschende Papierflut minimiert werden, indem einzelne Aufgaben, zusätzliche **Hinweise, Hilfestellungen und Lösungen** zu Stationen in Videoform angeboten werden. Sicherlich ist die Erstellung solcher Stationen aufwändig, weshalb es mittels der genannten Formel (S. 36) wichtig ist, dass der Lernstoff sich hierfür eignet, weil er dauerhaft einsetzbar ist.

Arbeitsblätter mit QR-Codes

Als Alternative zu einem ausgeteilten Arbeitsblatt, das die Schülerinnen und Schüler parallel zum Erklärvideo ausfüllen, können Sie Analoges und Digitales auch gezielter verzahnen: Sie könnten ein Arbeitsblatt entwickeln, das mit einem **QR-Code** ausgestattet ist, damit die Lernenden das Video im Bruchteil von Sekunden finden. Andernfalls gestaltet sich die Suche nach dem Video als neues Problemfeld und es ist nicht ganz klar, an welcher Stelle es zum Einsatz kommt. Das QR-Feld lässt sich gezielt in das Arbeitsblatt einbetten und macht Schülerinnen und Schülern eine einfache Handhabung möglich.

Beispiel für einen QR-Code

Um QR-Codes auszulesen, brauchen Sie ein Smartphone oder Tablet, das über einen QR-Code-Reader verfügt, den Sie kostenlos im Appstore herunterladen können. Apple-Geräte haben dergleichen bereits in der Kamera-App integriert. Die Erstellung können Sie also mit verschiedenen kostenfreien Apps leisten. In der App-Beschreibung steht ausdrücklich ein Hinweis wie „Ermöglicht das Erstellen von eigenen QR-Codes".

C. MOOC als zukünftige Lernperspektive ohne raumzeitliche Präsenzpflicht

Falls Sie sich einmal an ein in Teilen digitalisiertes Lernen herangewagt haben und Ihre Lust geweckt wurde, könnte auch der MOOC eine für Sie interessante Lernform sein: Hier ersetzen Sie nicht nur sämtliche Papiervorlagen durch Digitales, sondern Sie heben auch die gewohnten Raumzeitverhältnisse auf.

Die buchstäblich *massivste* Form des nonpräsenten Lernens bezeichnet man als MOOC (*massive open online course*). Sie werden bereits vom Bildungsministerium in mehreren Testphasen unterstützt und entwickelt. Die Einführung des neuen Bildungsplans in Baden-Württemberg 2016 wurde bspw. mit einem MOOC begleitet, den Lehrkräfte online durchführen konnten. Ein solcher Onlinekurs zeichnet sich dadurch aus, dass Lernende nicht einen bestimmten Lernraum wie Schule oder Universität aufsuchen, sondern **zu Hause** vom Rechner, Tablet oder Smartphone aus **lernen**. Neben der räumlichen Flexibilisierung kommt auch eine zeitliche hinzu: Viele Elemente eines MOOC können in der Regel angesehen und gestreamt werden, wenn Bedarf besteht. Erklärungen und Nachfragen, die bei Flipped Classroom dann in der Schule direkt beim Unterrichtenden erfolgen, sind bei einem MOOC meist durch Frage- oder Chatforen möglich. Die Aufklärung über ein Rahmenthema erfolgt über animierte Erklärvideos, gefilmte Vorträge und Ähnliches. Abschließend können Teilnehmer online Tests absolvieren, die sie über ihren Wissensstand aufklären oder das Bestehen des Kurses attestieren.

Der MOOC vernachlässigt somit Echtzeit-Interaktion und die Beziehungsebenen zum Lehrenden in einem gravierenden Maß. Diese Lernform wird in der Erwachsenenbildung (z. B. Hochschulseminare, Lehrerfortbildung) bereits eingesetzt. Schulisch ist sie für Kurse, Workshops, AGs, einzelne Unterrichtseinheiten oder Lernergänzungen denkbar. Sie kann aber nicht den normalen Unterricht ersetzen, da fast alle sozialen Komponenten fehlen. Ein punktueller Gebrauch (z. B. einmal jährlich) kann motivierend sein und eine gelungene Abwechslung darstellen.

3. Das Schülervideo: Lernen durch Lehren

Da die reine verbale Vermittlung von Wissen hinter dem Verstehen durch eigenes Handeln und Entdecken zurückbleibt, ist die Produktion von Erklärvideos durch Schülerinnen und Schüler wohl die **größte Chance des Lernvideos in der Schule**. Indem man Schülerinnen und Schüler in die Erklärrolle versetzt, gibt man ihnen Verantwortung, fordert ihre mediale Kompetenz und stellt sie vor die Schwierigkeit, dass ein Stoff meist nur dann schlüssig erklärt werden kann, wenn er auch verstanden wurde (vgl. S. 55 – 58). Diesbezüglich ist des Weiteren von einer besonderen Nachhaltigkeit des Materials auszugehen, da die gemeinsam produzierten Videos immer wieder angesehen und vor einer Klassenarbeit zur Wiederholung des Lernstoffs dienen können. Somit vereint diese Art des Lernens grundlegende Prämissen eines handlungs- und produktionsorientierten Unterrichts mit einer zeitgemäßen Form der Sicherung und des Medienlernens. Sie ermöglicht Kompetenzerwerb im Bereich Medienbewusstsein, Medienanwendung sowie basale Gliederungs- und Präsentationskompetenzen.

Das von Schülerinnen und Schülern erarbeitete Lernvideo kann ein **Erarbeitungs-, Sicherungs-, Vertiefungs- oder Wiederholungsprojekt** sein: Im Fach Deutsch, das hier nur als Beispiel aufgeführt wird, könnten Sie in Klasse 6 im Bereich der Grammatik als Wiederholung oder Vertiefung Videos mit Regeln zu Wortarten (z. B. Was sind Eigenschaften eines Adjektivs?) oder regelbasierten Rechtschreibphänomenen (z. B. s-Laute) machen lassen. Im Bereich Literatur kann in Klasse 8 die Erarbeitung von Charakterisierungen zu einer aktuell gelesenen Ganzschrift garantieren, dass sich alle Schülerinnen und Schüler mit einer Figur (Stichwort: Rollenpatenschaften) beschäftigen, gleichzeitig aber das Wissen allen anderen zur Verfügung steht. Nach einer Einheit zu einem Thema wie Kurzgeschichten könnte ein themenspezifisches Video (z. B. Schuld im Roman, Inhaltsangabe usw.) auch die Funktion eines Tafelanschriebs einnehmen, in dem die wesentlichen Wissenszusammenhänge nochmals zusammenfassend gesichert werden.

Auch die Wiederholung der **Grundrechenarten** in **Mathematik** kann in Klasse 5 über die arbeitsteilige Erarbeitung erfolgen. Lernvideos ermöglichen diesbezüglich in hohem Maße Differenzierung, da es Ihnen ja freisteht, stärkere Schülerinnen und Schüler mit einem neuen oder kniffligen Thema vertraut zu machen, während andere wiederholen.

Raumzeitlich wird sowohl im Unterricht als auch von zu Hause aus in einem fest vereinbarten Zeitraum nach vorgegebenen Fachthemen gearbeitet. Die Lehrkraft betreut den Gruppenprozess, der von der Recherche über die Erstellung einer Gliederung sowie eines Skripts hin zur Aufnahme und Nachbearbeitung reicht. Der bzw. die Unterrichtende sollte genügend Zeit bereitstellen: Unter sechs Schulstunden ist ein solches Projekt mit sehr großen Freizeit- oder Qualitätseinbußen verbunden.

Mit **Arbeitsblatt 1 (S. 85)** kann ein allgemeiner Arbeitsauftrag zur Erstellung von Lernvideos gegeben werden. Die konkrete Durchführung im Unterricht wird auf den **Seiten 61 – 69** angeleitet.

4. Individuelles Feedback von der Lehrkraft in Videoform

Eine weitere Spielart des Erklärvideos ist das individuelle Feedback, das auf einer Idee von **Fähnrich und Thein** beruht. Sie erläutern den Ausgangspunkt ihres individuellen Videofeedbacks für Schülerinnen und Schüler aus einer defizitären Situation in der alltäglichen und auch stressigen Rückmeldungspraxis im Schulalltag:

> Um jedem Schüler und jeder Schülerin gerecht zu werden, ist man als Lehrkraft bestrebt, neben der klassischen Fehlerkorrektur und einer entsprechenden Note auch ein individuelles Feedback zu dessen Ergebnissen zu geben. Entweder diese Rückmeldung erfolgt mündlich im Rahmen der nächsten Stunde oder wird ausführlich unter die Arbeit der Schüler geschrieben. Die erste Variante kostet wieder wertvolle Unterrichtszeit oder häufig auch die Pause von Lehrenden und Lernenden. Zudem geht ein nur einmal ausgesprochenes Feedback im hektischen Unterrichtsalltag eines Schülers schnell unter. Ein Feedback in Textform gleicht dagegen diesen Nachteil aus, kann es doch von Schülerinnen und Schülern in Ruhe (und zu einem späteren Zeitpunkt) gelesen und nachvollzogen werden. Allerdings braucht das Schreiben eines solchen Textes erfahrungsgemäß viel Zeit und ist je nach Unterrichtsfach und den anzusprechenden Fehlern kein leichtes Unterfangen.
> (Interview mit Fähnrich und Thein für dieses Heft, August 2018)

Dass der schriftliche Aufwand von Schülerinnen und Schülern durch intensive Wahrnehmung des Kommentars gewertschätzt wird, ist ebenfalls nicht immer gesichert. In Bezug auf diese **Alltagsprobleme in der Feedbackkultur** weist das Erklärvideo jedenfalls auf eine vielversprechende Möglichkeit hin, um – vielleicht gerade in der **Sekundarstufe II** – zeitsparend, nachhaltig und individuell rückzumelden:

> Wir sind mittlerweile dazu übergegangen, ebenfalls mithilfe der App *Explain Everything*, ein kurzes, individuelles Feebackvideo zu machen, das auf die Probleme der einzelnen Schülerinnen und Schüler eingeht. Es genügt ein Screenshot der Schülerarbeit. Milhilfe des digitalen Laserpointers und den Schreibwerkzeugen können Fehler markiert werden. Eine Audiospur wird hinzugefügt, die die Erläuterungen enthält. Dieses Vorgehen geht schneller als die klassischen Rückmeldungsformen und ist meist verständlicher, weil eine Verzahnung von Sprache und Text unmittelbar ersichtlich wird.
> (vgl. ebd.)

Diese Videos zur Leistungsmessung und -beurteilung sind zwar rein typologisch keine klassischen Erklärvideos, insofern sie nicht verknappt auf einen Sachverhalt bezogen sind und auch nicht der in diesem Heft entwickelten Formel entsprechen, dass das Video nur gemacht werden soll, wenn der Lernstoff sich häufig wiederholt. Diese Videos sind nämlich individuell und absolut singulär. Wir erwähnen sie hier dennoch als eine spezielle Form des Lernvideos, die ein Unterrichtsproblem angeht.

Einfache technische Realisierung (Alternative zu *Explain Everything*)

Rein technisch wäre es bei mehrseitigen Klassenarbeiten alternativ zum Screenshot denkbar (z. B. in den Fächern Geschichte, Gemeinschaftskunde, Religion usw.), die korrigierte Arbeit einfach mit dem Tablet abzufilmen und den Kommentar dann direkt draufzusprechen. Wichtig ist, dass ein Stativ verwendet wird und die Arbeit gut ausgeleuchtet wird. Ob man die Lehrkraft oder nur die Arbeit sieht, hängt vom eigenen Ermessen ab.

Art und Aufbau des Feedbacks

Sicherlich darf das Argument für dieses Feedback nicht Zeitersparnis allein sein, denn es darf sich keinesfalls um einen leichtfertig heruntergesprochenen Kommentar handeln, da ein derart übermitteltes Feedback ein valides Bewertungsdokument wird, das ebenfalls justiziabel sein muss. Entsprechend empfiehlt es sich, nicht einfach spontan zu filmen, sondern sich über die Art der Rückmeldung im Vorfeld mindestens Gedanken, wenn nicht gar klare Stichpunkte gemacht zu haben. Falls ein Fehler als nur exemplarisch für die Arbeit steht, muss das bspw. dezidiert erwähnt werden. Sonst entsteht unter Umständen eine angreifbare Form der Bewertung, aus deren mündlichem Charakter ein gar nicht mehr so flüchtiges Dokument entstanden ist. Ein sensibler und gewissenhafter Umgang mit Bewertung ist also auch hier zu wahren.
Für derartige Bewertungsrückmeldungen empfiehlt sich gerade anfangs folgender Aufbau eines Feedbackvideos:

Der Aufbau eines Feedbackvideos

- Es wird – sofern benotet – die Leistung der Schülerinnen und Schüler eingeschätzt (Beschreibung ohne Interpretation).
- Es wird anhand eines Beispiels zunächst auf positive Aspekte eingegangen (auch bei schlechten Arbeiten).
- Es wird anhand eines Beispiels auf Verbesserungswürdiges und Fehlerhaftes hingewiesen.
- Den Abschluss stellt ein persönlicher Kommentar der Lehrkraft dar, die die Schüler dazu ermutigt, so weiterzumachen wie bisher (gute Leistung), oder bei schlechter Leistung deren Entwicklung in den Vordergrund rückt und die Lernenden dazu anhält, den Kopf nicht hängen zu lassen. Die Lehrkraft könnte diesbezüglich auch gleich einen Hinweis zur schriftlichen Verbesserung geben (Call-to-Action).

5. Schulische Konzeptpräsentationen und Imagevideos

Es ist ein bislang selten hinterfragter Brauch, dass Lehrerinnen und Lehrer über Jahre gleich bleibende Konzepte in Live-Vorträgen präsentieren und diese wiederum in Textform (z. B. auf Schulhomepages) zugänglich machen. Einige Beispiele hierfür sind Konzepte zur Ganztagsschule, das Schulprofil, die Hausordnung, das Förderkonzept, die Struktur der Sekundarstufe II mit Wahlmöglichkeiten sowie der Transparenz- und Notenerlass eines Fachs.

Die Live-Präsentation ist vom medialen Zugang her häufig umständlich und wenig effizient. Das Erklärvideo kann diesbezüglich fast alles ersetzen und zugleich mit Anschaulichkeit glänzen: Es kann die Informationsphase substituieren, sie in Form einer dauerhaft zugänglichen Wissensarchivierung absichern und eine verständliche Alternative zum vermeintlichen Textmonster auf der Schulhomepage liefern. Der Vorzug besteht hierbei insbesondere darin, dass durch die Kombination von Schrift, gesprochener Sprache und anschaulichem Bild verständlicher agiert werden kann. Auch wenn Schulkonzepte zugänglich gemacht werden sollen – etwa auf Tagungen oder am Tag der offenen Tür – bieten Lernvideos gute Ergänzungen zu gängigen Live-Elementen und sorgen gleichzeitig für ein modernes und zeitgemäßes Bild von Schule.

Sicherlich werden Sie am Elternabend oder am Tag der offenen Tür immer noch Fragen beantworten müssen.

6. Das Erklärvideo als Merk- und Lernhilfe vor Klassenarbeiten

Lernvideos können außerhalb des Regelunterrichts zum Lernen vor einer Klassenarbeit oder Klausur helfen. Sie können das im Unterricht verwendete Heft oder Buch somit sinnvoll ergänzen und innerhalb längerer Lernnachmittage eine gute Abwechslung bieten. Sicherlich gilt auch hier: Es kann nicht nur über Lernvideos gelernt werden, denn sie müssen durch praktische Übung und eigenverantwortliches Handeln ergänzt werden.

Im Förderunterricht ermöglicht der Zugang zu Erklärvideos, dass Schülerinnen und Schüler selbst die Dinge wiederholen oder vertiefend lernen, die ihnen bislang nicht geläufig sind. Auch hier gilt der notwendige Grundsatz der Ergänzung durch eigene Übungspraxis.

Problematisch ist, dass die benötigte Breite an Videos wohl nur über **Lizenzen** (bei Plattformen wie *DudenLearnAttack* oder *SofaTutor*) abgedeckt werden könnten. Da deren System vorsieht, Lizenzen an Einzelschüler zu verkaufen, ist der Zugang für eine Schule kostspielig oder muss privat von Eltern erworben werden.

Eine Alternative stellen OERs dar, sogenannte **Open Educational Resources**. Auf YouTube gibt es professionelle und fachlich angemessene Kanäle, die **kostenlos und werbefrei von Lernenden** genutzt werden können (siehe Übersicht auf S. 37 f.). Hierbei ist bislang noch nicht jedes Thema abgedeckt, aber die Kanäle entwickeln sich weiter. Bitte bedenken Sie, dass YouTube von Schülerinnen und Schülern erst ab 16 vollumfänglich genutzt werden darf (vgl. dazu Hinweise auf S. 54).

7. Das Videoprotokoll als Möglichkeit zum Zeigen von nicht selbst hergestellten Videos im Unterricht

Bei dieser Methode zeigen Sie die Videos – im Unterschied zu allen anderen Einsatzarten – in einer frontalen Unterrichtssituation über den Beamer und lassen die Schülerinnen und Schüler parallel nach einem ausformulierten Arbeitsauftrag wichtige Informationen protokollieren. Die Videos sollten Sie keineswegs selbst hergestellt haben, da das Zeigen von eigenen Filmclips (womöglich mit eigener Person) vor der Klasse nicht nur eine befremdliche Dopplung der Lehrperson bedeutet, sondern auch eine freie Wertung über den Videoinhalt erschwert. Diese Stellungnahme ist aber Teil der Aufgabe.

Für die Methode des **Videoprotokolls** gibt es viele Anwendungsmöglichkeiten, von denen wir Ihnen zwei nachfolgend erläutern möchten. Wichtig ist bei beiden Unterrichtssituationen, dass das Videoschauen anschließend durch Leitfragen ausgewertet wird und nicht einfach als Wissensakt unkommentiert für sich steht. Dass das nicht selbstverständlich ist, belegt folgender Kommentar. So meint der Journalist **Mirko Drotschmann**, der seinen knapp 1 Millionen Erklärvideo-Abonnenten besser unter dem Pseudonym MrWissen2go bekannt ist:

> Ich bekomme immer wieder mit, dass der Lehrer sagt: „Schaut euch das Video an, dann wisst ihr, um was es in dem Thema geht, dann müssen wir es nicht im Unterricht machen." Das finde ich ein bisschen zu einfach.
> (Interview für dieses Heft, August 2018)

Eine derartige Videopraxis schürt genau das, was wir als Lehrerinnen und Lehrer nicht wollen. Als Lehrperson wollen wir einen erkennbaren Mehrwert gegenüber dem reinen Sehakt markieren und als Wissensvermittlungsinstanz anregende Impulse geben können. Die im Zitat beschriebene Praxis käme bei extensiver Ausweitung einer Selbstaufgabe unserer Rolle gleich. Denkt man diese Wissensdelegation weiter, so schafften Lehrkräfte sich in der Tat selbst ab (vgl. S. 16). Vermutlich ist diese Unterrichtspraxis aber auch Ausdruck einer Überforderung damit, Stoff und Erziehungsarbeit gleichzeitig zu bewältigen und wohl teilweise darauf zurückzuführen, dass Erklärvideos noch tastend ihren Weg in die Schule finden und die Einsatzarten noch nicht hinreichend didaktisch aufgearbeitet wurden.

A. Erste Erarbeitung durch Videoprotokoll-Methode bei Wissenserwerb

Machen wir es also anders. Sie befinden sich in folgender Unterrichtssituation: **Ein Thema beginnend**, arbeiten Sie eine Klasse gerade in ein stark sachbezogenes Thema ein (z. B. Erster Weltkrieg, Entstehung des Buchdrucks, wirtschaftliche Struktur eines Staats, Plattentektonik usw.), bei dem es nicht um Anwendung oder Erarbeitung allgemeiner Regeln oder Gesetze geht, sondern primär um **Wissenserwerb**. Als Abwechslung zur Textform, die in der Regel gerade in diesem Bereich vorherrscht, zeigen Sie in einer 10- bis 15-minütigen Unterrichtsphase **zwei bis drei Lernvideos, die unterschiedliche Aspekte des Rahmenthemas aufgreifen**. Wichtig ist – wie gesagt –, dass das Videoschauen ausgewertet wird und nicht einfach als Wissensakt unkommentiert für sich steht. In der Auswertung ist bspw. denkbar, die aufgeschriebenen Informationen zu vergleichen oder einen Erwartungshorizont vorzubereiten, der Schlüsselinformationen vereint. Ein kritisches Gespräch über die eigene Einschätzung von Wichtigkeit kann einen hohen Wirkungsgrad haben, da Schülerinnen und Schülern vermittelt werden kann, dass biografische Daten meist eher unwichtig sind. Dahingegen sind Spezifika (Bsp.: Erster Weltkrieg als Stellungskrieg) und Kausal- oder Folgewirkungen in der Regel von hoher Wichtigkeit, um Ereignisse kontextuieren zu können (Bsp.: Der Buchdruck führte dazu, dass ...). Können Schülerinnen und Schüler Informationen priorisieren und erkennen, wie Priorisierung von Wissen an sich funktioniert, sind sie dem Denkakt des Verstehens als grundlegender Kompetenz einen großen Schritt näher gekommen.

B. Problematisierung des Videos als Wissensträger

Bei dieser Situation sind die Schülerinnen und Schüler – vermutlich der Sekundarstufe II – bereits mit Wissen zum Thema vertraut. Die Unterrichtseinheit ist demnach fast abgeschlossen. In dieser Phase der Problematisierung und Vertiefung wird nun nicht mehr primär auf Wissenserwerb, sondern auf die Qualität und Verlässlichkeit von Wissen geachtet. Es soll überprüft werden, wie es in **verschiedenen Videos zu einem möglichst genau gleichen Thema** erscheint. Der Arbeitsauftrag bezieht somit den Bereich Medienbildung mit ein, da die Heranwachsenden sich reflexiv und wertend zu Videoqualität und Sachangemessenheit äußern sollen. Weiterhin handelt es sich um einen Analyse- und Interpretationsakt, der darauf angelegt ist, die Gemeinsamkeiten und Unterschiede der Videos zu besprechen, um daraus Erkenntnisse über den Gegenstand zu bekommen (Warum wiederholen sich bestimmte Informationen in allen Videos?). Hier bietet es sich an, das während des Sehens zu erstellende Protokoll von vorneherein tabellarisch anzulegen, da es um einen Vergleich geht und eine Tabelle Gegenüberstellungen besonders eindrücklich macht. Zentral ist in diesem Fall auch eine auswertende Nachbesprechung und eine gute Auswahl der Videos (unterschiedliches Niveau, Vergleichbarkeit durch identisches Thema). Dass diese Methode sogar im Interesse der Videohersteller selbst ist, bestätigt abermals ein Gespräch mit **MrWissen2go**:

> Schön fände ich, wenn man mein Video z. B. am Ende einer Unterrichtseinheit nutzte, um nochmals das erworbene Wissen abzuprüfen. Und ich fände es auch gut, wenn man die Videos nutzt, um Dinge kritisch zu beleuchten. Dass man sich also zum Video und seiner eigenen Meinung wertend äußert. Videos lassen sich also in einem diskursiven Kontext einsetzen.
> (Interview für dieses Heft, August 2018)

Der Vergleich verschiedener Videos zu einem identischen Themenbereich ist eine Spielart dieser Selbstpositionierung. Mögliche **Arbeitsaufträge** lauten bspw.:

- *Seht euch die Videos zu einem ähnlichen Thema an und bestimmt tabellarisch Gemeinsamkeiten und wesentliche Unterschiede.*
- *Nennt das Video, dass ihr jemandem weiterempfehlen würdet, der sich neu in das Thema einarbeitet.*
- *Bewertet dabei die Videoqualität in folgenden Bereichen: Angemessenheit der Darstellung, Unterhaltungswert und Anschaulichkeit der Darstellung.*
- *Überlegt, anhand welcher Punkte ihr festmacht, dass eine Information auch richtig und wahr ist.*

8. Von Erklärvideos in Vertretungsstunden profitieren – Ausblick über zukünftige Einsatzmöglichkeiten des Erklärvideos

Wie oft passiert es, dass gerade an weiterführenden Schulen Stunden vertreten werden müssen, ohne dass die Vertretungslehrer die Klasse oder das Fach haben, welches in genau diesem Moment gefragt ist. Solche Organisationszwänge sind für Lehrende und Lernende insbesondere bei Häufung sehr unangenehm, da die Sinnhaftigkeit des Unterrichtens zur Disposition steht und das Arbeiten als zäh erlebt wird.

Stellen Sie sich nun einmal vor, Sie vertreten die Deutschstunde einer neunten Klasse. Sie sind Mathematik- und Sportlehrkraft am Gymnasium, Ihre Zuständigkeit lässt also gefühlt zu wünschen übrig. Über ein Erklärvideo des entsprechenden Kollegen (oder eines anderen Fachkollegen) könnten Sie sich nun auf Ihre Rolle als Aufsicht und Erzieher zurückbesinnen. Jetzt werden Sie vielleicht sagen, dass Sie das ohnehin schon machen, wenn Sie Aufgaben des Kollegen kopiert bekommen:

Im Unterschied zu Textaufgaben und Übungen, die der kranke Kollege Ihnen zukommen lässt, die dessen Absenz für die Schülerschaft auch besonders betont, macht das Erklärvideo des Kollegen paradoxerweise dessen Anwesenheit eindrücklich – obwohl er ja faktisch nicht da ist. Das Video beinhaltet relevante Wissensbereiche und eine Anleitung zur Anwendung, wie das auch bei Flipped Classroom der Fall ist. Und da der Kollege oder die Fachschaft diese Videos ohnehin erstellt hat, ist es keine Zusatzarbeit – weder für ihn noch für Sie. Hinzu kommt, dass Sie in der Arbeitseinstellung der Schülerschaft wahrscheinlich einen Unterschied feststellen werden. Diese Anwendungsart eines Unterrichtens ohne Fachlehrer hat in unseren Teststunden sehr gut funktioniert, auch wenn nur eine Aufsicht anwesend war. Sie ist zukunftsweisend, da sie (abermals) ein Problem des Alltags erleichtert.

Eine weitere, sehr vielversprechende **Vision** im Umgang mit Erklärvideos ist, dass alle Vertretungsstunden der Schule als jährlicher MOOC (vgl. S. 75 f.) angelegt sind. Das heißt: Immer wenn eine Klasse im Schuljahr eine Vertretungsstunde hat, arbeitet sie an ihrem MOOC weiter. Dieser beinhaltet ein allgemeines Thema wie „Lernen lernen“, „Medienbildung“, „Richtig recherchieren“ oder eine „Suchtprävention“, also Bereiche, die wichtig, aber nicht eindeutig fachlich taxiert sind. Am Schuljahresende wird in der letzten Unterrichtswoche darauf geachtet, dass die Klassen ihren MOOC beenden. Da diese letzte Woche meist ohnehin kein durchweg ernsthaftes Unterrichten mehr zeitigt, ist kein Verlust zu verzeichnen. Sicherlich bedeutet das, dass es für jede Jahrgangsstufe einen Onlinekurs geben müsste. Eine Testphase in der Mittelstufe würde aber zeigen – davon sind wir überzeugt –, dass dieses Verfahren sehr zukunftsweisend ist, zumal die MOOCs ja nicht von jeder Schule einzeln erstellt werden müssten. Zentrale, vom Landesinstitut für Schulentwicklung generierte, koordinierte und bereitgestellte MOOCs könnten Schulorganisation vereinfachen und dafür sorgen, dass alle weiterführenden Schulen gleichzeitig davon profitierten.

VII. Vision und Ausblick zum Erklärvideo

Mirko Drotschmann (alias MrWissen2go), Photo by Schmitt Photographers,

Meine Vision wäre die, dass wir in 10 bis 15 Jahren gar nicht mehr von digitaler Bildung sprechen, weil sie dann einfach Bildung ist. Digitale Medien wie Videos, Software und Geräte würden dann ganz selbstverständlich im Unterricht eingesetzt, wie es bei uns noch mit dem Overheadprojektor oder der Tafel der Fall war. [...] Schülerinnen und Schüler sollten lernen, wie sie die Geräte, die sie ohnehin zur Verfügung haben, richtig einsetzen können, um zu lernen.

Interview für dieses Heft, August 2018

Der Unterricht fällt heute aus, alle Lehrkräfte treffen sich. Stellen Sie sich einmal vor, jeder Kollege einer Fachschaft brächte seine gesamte Unterrichtsvorbereitung in Papierform mit und legte diese in einen Raum. Wahrscheinlich bildete sich nach und nach ein Papierberg unfassbaren Ausmaßes, in dem unheimlich viele Wiederholungen zu finden wären. Jeder Kollege des Fachs unterrichtet schließlich dieselben Themen und die meisten bereiten es tatsächlich weitgehend alleine vor.

Wenn Sie nun auf Schatzsuche durch den Papiertresor gingen, stellten Sie wahrscheinlich fest, dass es Kollegen gibt, die für Sie unliebsame Themen sehr gut vorbereitet und geradezu veredelt haben. Umgekehrt profitierte derselbe Kollege vielleicht von diversen Ihrer Arbeitsblätter, da auch Sie einen anderen fachlichen Schwerpunkt haben oder die Einheit in frühen Berufsjahren ambitioniert vorbereiteten. Häufig hängt die fachliche Priorisierung auch von der Perspektive durch das Zweitfach ab. So ist bspw. die Englischlehrkraft im Deutschunterricht in der Regel ein hervorragender Grammatikvermittler.

Jeder Kollege ist Fachexperte, aber in unterschiedlichsten Details und Nuancen. Nicht jeder erklärt den „Goldenen Schnitt“ gerne, der andere ist vielleicht in der Literatur, subtraktiver Farbmischung, Geometrie, der amerikanischen Geschichte, dem Bodenturnen, der Reptilienkunde, der universellen Menschheitsgeschichte oder Facetten der Thermodynamik besser aufgehoben.

Diese Expertise wird derzeit noch zu wenig genutzt, da in der Klasse immer nur die Einzelkompetenzen sichtbar werden. Wenn sich nun die Kollegen eines Faches zusammenschlössen, um in ihren bevorzugten Gebieten Erklärvideos zu produzieren, hätte man innerhalb weniger Jahre ein Wissensnetz von höchster Qualität und Stilvielfalt, das gleichzeitig noch die Vielzahl an Individuen abbildete. Der kollegiale Einsatz solcher Materialien schaffte kostenfreie Bildung, die in der Lage wäre, Unterrichtsqualität fast zu garantieren. Hierdurch würde eine schulische Qualitätssicherung möglich, die über Vergleichsarbeiten hinausgeht.

Wir sehen eine Zukunft der Schule, in der nicht nur Digitalisierung, sondern **Kooperation** und **individuelle Betreuung** die maßgebenden Kategorien schulischen Lernens sind. Und natürlich wird hier der gute alte Vortrag unbedingt seinen Platz haben. Er kann spontan, vergänglich, einmalig vor der Klasse erfolgen oder er ist nachhaltige Videoaufnahme – wie Sie es gerade brauchen. Der Film hat die Theater nicht geschlossen und das Video *„didn't kill the radio star"*, wie es in einem bekannten Song von „The Buggles" heißt. Wir ergänzen abschließend: *So it won't kill the teacher*.

Arbeitsauftrag – ein Lernvideo erstellen

Arbeitsauftrag:

- *Erstellt in Zweier- bis Vierer-Gruppen eigene Erklärvideos in einer Länge von ________ Minuten. Hierfür habt ihr __ Schulstunden Zeit. Geht arbeitsteilig vor. Nutzt hierfür mitgebrachte oder an der Schule verfügbare Tablets. Auch der Einsatz von Smartphones ist notfalls denkbar.*

  Info: Ziel eures Videos ist Aufklärung über das euch gestellte Thema. Ihr könnt hierbei Visualisierungen, Dialoge, Vorträge und Ähnliches verwenden, um das Thema möglichst gut zu erklären. Das Video darf unterhaltsam sein, der informative Gehalt ist aber zentral.

Sebastian Arnold

Legetrick mit Tablet

Arbeitsanweisungen:

- *Tauscht euch zunächst in der Gruppe aus und haltet mittels Brainstorming oder Mindmap einige Ideen fest.*
- *Sucht Materialien aus dem Unterricht heraus, um das Thema weiter vorzubereiten. Ggf. werdet ihr auch im Internet und in der Fachliteratur recherchieren müssen. Achtet hierbei auf die Hinweise eurer Lehrkraft.*
- *Gliedert das Video und überlegt, welche Bausteine hierfür notwendig sind. Geht möglichst arbeitsteilig vor, um schneller voranzukommen.*
- *Erstellt ein Skript und stellt dieses der Lehrkraft oder der Klasse vor. Haltet hierin stichpunktartig das Gesprochene fest.*
- *Gestaltet nun eigene Materialien (z. B. aus Papier), die für das Lehr- und Lernvideo benötigt werden. Macht euch Notizen zu Beispielen, Aufbau, Struktur und Inhalt des Videos.*
- *Achtet bei der Nutzung des Filmschnittprogramms bzw. der App auf die Ausführungen eurer Lehrkraft. Ihr könnt auch ein Tutorial nutzen, um die Programmoberfläche verstehen zu können. Beispiele für Nachbearbeitungsprogramme sind:* iMovie, Power Director, Make my Video, Windows Movie Maker *usw.*
- *Macht euch beim Filmen Gedanken zum Stil des Videos (Sieht man den Vortragenden oder spricht die Stimme aus dem Off?) und übt vorher (Probevideo). Holt Feedback von einer anderen Gruppe ein.*
- *Stellt das Video fertig. Die Abgabemodalitäten (z. B. über USB-Stick) müsst ihr mit der Lehrkraft klären.*

Benotungskriterien für ein gutes Video sind: Richtigkeit, Informationsgehalt, Vollständigkeit, Anschaulichkeit, Verständlichkeit (und Unterhaltungswert).

Best.-Nr. 122826

Das Skript für ein Erklärvideo erstellen

Reinhild Kassing

■ *Erstellt in der Gruppe gemeinsam ein kleines Skript/Storyboard, indem ihr unten stehende Tabelle mit den wesentlichen Informationen, Stichpunkten und Skizzen gestaltet.*

Szene	Inhalt	Was ist zu sehen?	Audio	Benötigtes Material
1				
2				
3				
4				
5				
6				

Best.-Nr. 122826

And the Oscar goes to ... – Beurteilungsraster für Schülervideos

■ *Bewertet die Gruppenleistungen (1–8) von links nach rechts. Tragt je Kriterium zwischen 1 und 5 (Bestwertung) Punkte ein und addiert anschließend das Gesamtergebnis. Hinweis: Ihr bewertet in den Gruppen nur einmal (also nicht jeder einzeln). Außerdem solltet ihr unbedingt auch euer eigenes Video einschätzen, da dies im Gespräch mit der Lehrkraft über die Note evtl. Thema sein könnte.*

Kriterium/Gruppe	**1**	**2**	**3**	**4**	**5**	**6**	**7**	**8**
Aufbau: Wird das Thema eingangs genannt? Werden die Ergebnisse zusammengefasst? Folgt das Video einem logischen Verlauf? Ist die Gesamtlänge angemessen?								
Bild- und Audioqualität: Ist das Gefilmte klar erkennbar? Ist der Bildausschnitt passend gewählt worden? Ist das Bild stabil (wackelt nicht) und scharf genug? Wurde verständlich gesprochen (laut genug) und passend betont?								
Inhaltliche Durchdringung: Wurden wesentliche Inhalte angesprochen? Ist das Gezeigte und Gesagte richtig? Wurde auf geeignete Fachsprache geachtet? Wurde das Thema angemessen erarbeitet und verstanden?								
Erklärungsqualität: Wurde der Inhalt verständlich? Wurden Fachbegriffe sachgemäß erläutert? Sind auch Menschen ohne Vorwissen in der Lage, es zu verstehen?								
Präsentationstechnik (Angemessenheit und Kreativität): Wurde eine geeignete Form für die Präsentation gewählt? Sind kreative Elemente vorhanden? Ist die Präsentation angemessen, lenkt also nicht vom Thema ab, sondern unterstützt es?								
Gesamtpunktzahl der Gruppe								

Best.-Nr. 122826

Beispielvordruck für die Genehmigung zur Verwendung eines Erklärvideos

Sehr geehrte Eltern,

als Unterrichtsprojekt in der Klasse __________ erstellen wir im Fach ______________________ Erklärvideos.

Dies ermöglicht den Schülerinnen und Schülern eine intensive Auseinandersetzung mit Medien und fachlichen Themen, die sie anschaulich und passend erklären müssen. Wir bitten Sie, dieses Projekt zu unterstützen, indem Sie erlauben, dass die entstandenen Videos zu Bildungs- und Bewertungszwecken auf ein schulisches Intranet hochgeladen und in der Schule gezeigt werden dürfen.

Für die Unterstützung des Projekts bedanke ich mich recht herzlich! Für Rückfragen stehe ich Ihnen selbstverständlich zur Verfügung!

Es grüßt Sie recht herzlich

____

- - - - - - - - - - - - - - - bitte hier abtrennen und zurück an die Lehrkraft - - - - - - - - - - - - - -

Name des Kindes: ____

Hiermit räumen wir (Eltern und Kind) der Schule folgende Nutzungsrechte an den von unserem Kind eigenständig erzeugten Arbeiten ein:

Wir genehmigen, dass die digitalen Videodaten, in denen unser Kind zu sehen oder zu hören ist, zu Bildungszwecken auf ein schulisches Intranet hochgeladen werden.

Wir genehmigen, dass das Erklärvideo, in dem unser Kind zu sehen oder zu hören sein könnte, von der Lehrkraft als Datei entgegengenommen wird und anschließend zu Bewertungs- und Bildungszwecken der Klasse gezeigt und im Intranet der Schule bereitgestellt wird.

Unterschrift Erziehungsberechtigte(r): ____

Unterschrift Kind: ______________________________________

Vorlagen für ein Legetrickvideo zum Thema „Wie hält man ein gutes Referat?“

Sebastian Arnold

Hinweis: Dieses Arbeitsblatt sollte beim Kopieren für die Schülerinnen und Schüler auf DIN A3 vergrößert werden.

Best.-Nr. 122826

IX. Literatur und Links

Literatur

Bauer, Joachim: Lob der Schule. Sieben Perspektiven für Schüler, Lehrer und Eltern, Hamburg 2008.

Becher, Alexander: Lernvideos auf YouTube, Masterarbeit an der TU Dresden, Gutachter: Dr. Holger Rohland, Sven Hofmann AG Didaktik der Informatik/Lehrerbildung/Institut für Software- und Multimediatechnik, Fakultät Informatik 2012, auch online zugänglich unter: https://www3.sachsen.schule/fileadmin/_special/gruppen/40/MASTERARBEIT.pdf

Berghoff, Matthias: „Wenn ich Lehrer für eine Sache nicht kriege, kann ich Schule nicht ändern…". Pädagogisch sinnvolle Nutzung der Neuen Medien setzt Schulentwicklung voraus. In: Frederking, Volker (Hrsg.): Verbessern heißt verändern. Neue Wege, Inhalte und Ziele der Ausbildung von Deutschlehrer(-innen) im Studium und Referendariat, Baltmannsweiler 1998, S. 279–301.

Brand, Matthias und Markowitsch, Hans J.: Lernen und Gedächtnis aus neurowissenschaftlicher Perspektive – Konsequenzen für die Gestaltung des Schulunterrichts. In: Hermann, Ulrich (Hrsg.): Neurodidaktik. Grundlagen und Vorschläge für gehirngerechtes Lehren und Lernen, 2. Auflage, Weinheim/Basel 2009, S. 69–85.

Ebnet, Katharina und Huller, Eva C.: Erklärend lernen – individuell lernen. Lernvideos im Grammatik- und Rechtschreibunterricht der Unterstufe. In: Praxis Deutsch. Zeitschrift für den Deutschunterricht 265 (2017), H. 9, S. 16–20.

Frederking, Volker: Symmedialität und Synästhetik. Die digitale Revolution im medientheoretischen, medienkulturgeschichtlichen und mediendidaktischen Blick. In: Ders.; Kommer, Axel; Meier, Christel (Hrsg.): Literatur- und Mediendidaktik, Baltmannsweiler 2013.

Frederking, Volker und Albrecht, Christian: Digitale Medien. Theoretische Grundlagen und Begriffsklärung. In: Knopf, Julia; Abraham, Ulf (Hrsg.): Deutsch Digital. Theorie, Baltmannsweiler 2016, S. 9–31.

Gabriel, Markus: Ich ist nicht Gehirn. Philosophie des Geistes für das 21. Jahrhundert, Berlin 2015.

Hermann, Ulrich: Neurodidaktik. Neue Wege des Lehrens und Lernens. In: Ders. (Hrsg): Neurodidaktik. Grundlagen und Vorschläge für gehirngerechtes Lehren und Lernen, 2. Auflage, Weinheim/Basel 2009, S. 9–17.

Herzig, Bardo; Martin, Alexander und Klar, Tilman-Mathies: Smartphone und Tablet. Medienpädagogische und technische Grundlagen, Potential für den Deutschunterricht und Beispiele. In: Knopf, Julia; Abraham, Ulf (Hrsg.): Deutsch Digital. Theorie, Baltmannsweiler 2016, S. 69–97.

Hugger, Kai-Uwe; Tillmann, Angela; Iske, Stefan und a. (Hrsg.): Jahrbuch Medienpädagogik 12. Kinder und Kindheit in der digitalen Kultur, Wiesbaden 2015

Issing, Ludwig J. und Klimsa, Paul: Multimedia – Eine Chance für Information und Lernen. In: Dies. (Hrsg.): Information und Lernen mit Multimedia, Weinheim 1995, S. 1–4.

Jovy, Jörg: Digital Filmen. Das umfassende Handbuch, Bonn 2015.

Knopf, Julia und von Brand, Tilman: Deutsch per Smartphone. In: Praxis Deutsch. Zeitschrift für den Deutschunterricht 265 (2017), H. 9, S. 2–11.

Knopf, Julia und Schrenker, Eva: Private Nutzung digitaler Medien. Studien zur Mediennutzung durch Schüler. In: Knopf, Julia; Abraham, Ulf (Hrsg.): Deutsch Digital. Theorie, Baltmannsweiler 2016, S. 51–68.

Korte, Helmut: Einführung in die systematische Filmanalyse. Ein Arbeitsbuch, 4. Auflage, Berlin 2010.

Lambert, Joe: Digital Storytelling. Capturing Lives, Creating Community, London 2012.

Lessing, Gotthold Ephraim: Laokoon oder über die Grenzen der Malerei und Poesie, Stuttgart 1994, basierend auf der Originalschrift von 1766, als Volltext digital abrufbar unter: http://gutenberg.spiegel.de/buch/laokoon-1176/1.

Reynolds, Garr: Zen oder die Kunst des Präsentationsdesigns, München 2010.

Rogers, Carl: Lernen in Freiheit. Zur Bildungsreform in Schule und Universität, München: Kösel, 1974.

Rogge, Axel: Die Videoschnitt-Schule. Für spannende und überzeugende Filme, Bonn 2013.

Roth, Gerhard: Warum sind Lehren und Lernen so schwierig? In: Hermann, Ulrich (Hrsg.): Neurodidaktik. Grundlagen und Vorschläge für gehirngerechtes Lehren und Lernen, 2. Auflage, Weinheim/Basel 2009, S. 58–68.

Rühmer, Denis Patrick: Videofilmen, Heidelberg 2014.

Simschek, Roman und Kia, Sarah: Erklärvideos – einfach erfolgreich, Konstanz/München 2017.

Schön, Sandra und Ebner, Martin: Gute Lernvideos … so gelingen Web-Videos zum Lernen!, Norderstedt 2013 [Books on demand], online zugänglich unter: http://bimsev.de/

Schrenker, Eva: Digitale Medien und (Deutsch-)Unterricht empirisch beleuchtet. Überblick über die wichtigsten Termini sowie den aktuellen Forschungsstand aus deutschdidaktischer Perspektive. In: Knopf, Julia; Abraham, Ulf (Hrsg.): Deutsch Digital. Theorie, Baltmannsweiler 2016, S. 32–50.

Werner, Horst und Werner, Konstanze: Jeder kann Video!, Konstanz und München 2013.

Wittgenstein, Ludwig: Tractatus logico-philosophicus. Logisch-philosophische Abhandlung, Frankfurt am Main 2003 (Originalausgabe: London 1922).

Wolf, Karsten D. und Kratzer, Verena: Erklärstrukturen in selbsterstellten Erklärvideos von Kindern. In: Hugger, Kai-Uwe; Tillmann, Angela u. a. (Hrsg.): Jahrbuch Medienpädagogik 12. Kinder und Kindheit in der digitalen Kultur, Wiesbaden 2015, S. 29–44.

Links

Checklisten für den Gebrauch lizenzfreier Medien, https://lehrerfortbildung-bw.de/st_recht/urheber/checkl/(letzter Aufruf: 11.6.2019)

Datenschutz-Grundverordnung DSGVO. Verordnung (EU) 2016/679 (Datenschutz-Grundverordnung) in der aktuellen Version des ABl. L 119, 04.05.2016; ber. ABl. L 127, 23.05.2018. URL: https://dsgvo-gesetz.de (letzter Aufruf: 31.5.2016)

Die unglaubliche Geschichte hinter diesem Erklärvideo, videoboost 2018, URL: http://www.videoboost.de/unglaubliches-erklärvideo (letzter Aufruf: 31.5.2019)

Die Urheberrechtsreform: Streitpunkt zwischen Wissenschaft und Markt . Artikel auf Urhe berrecht.de, 2018, URL: https://www.urheberrecht.de/urheberrechtsreform/ (letzter Aufruf: 31.5.2019)

Gesetz zur Angleichung des Urheberrechts an die aktuellen Erfordernisse der Wissensgesellschaft (Urheberrechts-Wissensgesellschafts-Gesetz – UrhWissG). In: Bundesgesetzblatt Jahrgang 2017 Teil 1 Nr. 61, ausgegeben zu Bonn am 7.9.2017, als PDF hier hinterlegt: https://www.bmjv.de/SharedDocs/Gesetzgebungsverfahren/Dokumente/BGBl-UrhWissG.pdf?__blob=publicationFile&v=1 (letzter Aufruf: 31.5.2019)

Gruber, Angela: Online-Werbung verwirrt Kinder und Jugendliche. Artikel auf süddeutsche.de vom 23. November 2015, URL: http://www.sueddeutsche.de/digital/medienkompe tenz-online-werbung-verwirrt-kinder-und-jugendliche-1.2750348 (letzter Aufruf: 31.5.2019)

HSP Tool, https://www.medienpaedagogik-praxis.de/2017/05/23/h5p/, letzter Aufruf: 12.6.2019

Jeges, Oliver: Die Jugendlichen von heute wirken wie Zombies. Artikel auf Welt.de vom 15.09.2014, URL: https://www.welt.de/debatte/kommentare/article132237544/Die-Jugendlichen-von-heute-wirken-wie-Zombies.html (letzter Aufruf: 31.5.2019)

JIM-Studie-2017, Medienpädagogischer Forschungsverbund Südwest, URL: https://www.mpfs.de/fileadmin/files/Studien/JIM/2017/JIM_2017.pdf (letzter Aufruf: 16.7.2019)

KM BaWü (Hrsg): FAQ Datenschutz an Schulen (Stand Februar 2019). Artikel auf lehrerfort bildung-bw.de/, veröffentlicht vom Zentrum für Schulqualität und Lehrerbildung (ZSL), URL: https://lehrerfortbildung-bw.de/st_recht/daten/faq_ds/ (letzter Aufruf: 31.5.2019)

Kultusministerkonferenz (KMK): Medienbildung in der Schule. Beschluss der Kultusministerkonferenz vom 8. März 2012, URL: https://www.kmk.org/fileadmin/Dateien/veroeffentlichungen_beschluesse/2012/2012_03_08_Medienbildung.pdf (letzter Aufruf: 2.7.2019)

Kultusministerkonferenz (KMK): Strategie der Kultusministerkonferenz „Bildung in der digitalen Welt". Beschluss der Kultusministerkonferenz vom 08.12.2016 in der Fassung vom 07.12.2017, URL: https://www.kmk.org/fileadmin/Dateien/veroeffentlichungen_beschluesse/2018/Strategie_Bildung_in_der_digitalen_Welt_idF._vom_07.12.2017.pdf (letzter Aufruf: 31.5.2019)

Medienpädagogischer Forschungsverbund Südwest (mpfs, 2015). JIM 2015 – Jugend, Information, (Multi-)Media. Basisstudie zum Medienumgang Zwölf- 19-Jähriger in Deutschland. Volltext ist unter folgender URL verfügbar: https://www.mpfs.de/fileadmin/files/Studien/JIM/2015/JIM_Studie_2015.pdf (letzter Aufruf: 31.5.2019)

Novalis: Fragmente zur technischen und wissenschaftlichen Pädagogik. In: Bruchstücke philosophischer Enzyklopädistik. Fragmente 1, Kapitel 5, Jess Verlag, 1929, Volltext abrufbar unter: http://gutenberg.spiegel.de/buch/fragmente-i-6618/5 (letzter Aufruf: 31.5.2019)

Scholz, Christian: „Trophäen für alle"-Problem der Helikopter-Kinder. Artikel auf Welt.de vom 31.10.2014, URL: http://www.welt.de/wirtschaft/karriere/article133851970/Trophaeen-fuer-alle-Problem-der-Helikopter-Kinder.html (letzter Aufruf: 31.5.2019)

Schön, Sandra und Ebner, Martin: Was ist ein gutes Lernvideo? Beitrag auf Medienpädagogik Praxis Blog. Verfasst am 11.3.2013. URL: https://www.medienpaedagogik-praxis.de/2013/03/11/was-ist-ein-gutes-lernvideo/ (letzter Aufruf: 31.5.2019)

Rat Kultureller Bildung, Studie aus dem Jahre 2019 zum Thema YouTube im Zusammenhang mit Schulen. Titel der Studie: Jugend/Youtube/KulturelleBildung/Horizont 2019. https://www.flipsnack.com/RatKulturelleBildung/jugend-youtube-kulturelle-bildung-2019/full-view.html (letzter Aufruf: 1.7.2019)

Rau, Johannes: Grußwort von Bundespräsident Johannes Rau beim Festakt „125 Jahre Albert Einstein" am 4.3.2004, URL: http://www.bundespraesident.de/SharedDocs/Reden/DE/Johannes-Rau/Reden/2004/03/20040314_Rede.html (letzter Aufruf: 31.5.2019)

Weis, Diana: Lasst die Teenager in Ruhe! Artikel auf Zeit Online vom 5. 10. 2016, URL: http://www.zeit.de/kultur/2016-09/jugend-generation-selbstinszenierung-jugendstudie-politik-10nach8 (letzter Aufruf: 31.5.2019)

YouTube-Press 2017, URL: https://www.YouTube.com/intl/de/yt/about/press/ (letzter Aufruf: 29.6.2019)

X. Bildquellenverzeichnis

|Arnold, Sebastian, Ettlingen: 3, 7, 8, 21, 29, 30, 30, 47, 48, 49, 50, 52, 58, 59, 65, 66, 66, 67, 70, 74, 85, 89, 89, 89, 89, 89, 89, 89, 89, 89; simpleshow 27; Videoscribe 9, 9, 28, 31, 31, 32, 46. |Drotschmann, Mirko: Fotograf: Schmott Photographers 25, 83. |FLIP THE CLASSROOM, Karlsruhe: 71, 72. |fotolia.com, New York: HeGraDe 26, 27, 29, 30, 31, 32; reeel 60. |Ivi-Education e.K., Hamburg: 25. |Kassing, Reinhild, Kassel: 86. |Müller, Miriam, Ihringen: 33, 33. |Schwarzbach Media Relations GmbH & Co. KG, Hamburg: Die Merkhilfe 33, 41. |Shutterstock.com, New York: OmniArt 13. |stock.adobe.com, Dublin: Anar 21; pavelkubarkov 75.
Wir arbeiten sehr sorgfältig daran, für alle verwendeten Abbildungen die Rechteinhaberinnen und Rechteinhaber zu ermitteln. Sollte uns dies im Einzelfall nicht vollständig gelungen sein, werden berechtigte Ansprüche selbstverständlich im Rahmen der üblichen Vereinbarungen abgegolten.